교과서 수학으로 배우는 인공지능

수학아, 인공지능을 알려 줘!

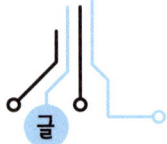

박만구 교수님
- University of Georgia 박사
- 서울교육대학교 수학교육과 교수
- 서울교육대학원 인공지능과학융합전공 교수
- 서울교육대학교 수학교육 연구소장
- 한국수학교육학회 회장 역임
- 한국초등수학교육학회 회장(2023.3.1. ~)
- 2009, 2015 개정 국정 초등수학교과서 연구진 및 학년 대표 집필

김영현 선생님
- 서울교육대학원 영재교육전공 석사
- 현(現) 초등학교 교사
- 서울특별시교육청 영재교육원 수과융합 영재 강사
- 한국과학창의재단 AI교육, STEAM 연구회 연구진

최현정 선생님
- 서울교육대학원 인공지능과학융합전공 석사
- 현(現) 초등학교 교사
- 남양주 정보화교육 활성화 지원단

정현웅 선생님
- 서울교육대학원 인공지능과학융합전공 재학
- 현(現) 초등학교 교사
- SW교육선도학교, AI교육선도학교 운영
- 서울특별시교육청·강서양천교육지원청 AI교육선도교사단
- 서울초등ICT교육연구회, 서울인공지능연구회, AI융합교육연구회 연구진

박성식 선생님
- 서울교육대학원 인공지능과학융합전공 석사
- 현(現) 초등학교 교사
- SW교육선도학교, AI교육선도학교 운영
- 경기SW·AI교육지원센터 교원 운영지원단
- 한국과학창의재단 AI교육, STEAM 연구회 연구진
- 경기도 인공지능 기반 교육연구회 연구진

수학아, 인공지능을 알려 줘!

교과서 수학으로 배우는 인공지능

박만구
김영현
최현정
정현웅
박성식

3

권장 학년 초등 3~4학년

주니어김영사

머리말

책을 펴내며

인공지능은 요즈음 세상의 변화를 이끌어 가는 핵심적인 기술입니다. 오늘날 세상은 이전과 다르게 매우 빠른 속도로 변하고 있습니다. 이제 인공지능은 우리 생활의 거의 모든 부분에서 활용되고 있습니다. 이미 스스로 운행하는 자율 주행차가 거리를 돌아다니고, 인공지능 스피커에게 "조용한 음악 들려줘!" 하고 말하면 조용한 음악을 들려줍니다. 이것이 가능한 것은 인공지능이 많은 데이터를 분석하여 가장 적절한 답을

하기 때문입니다.

　그런데 어떻게 인공지능이 이런 일을 할 수 있는지 생각해 본 적 있나요?

　"인공지능은 어려운 것이니까 수학자나 공학자에게나 필요하지 나와는 관계없어. 인공지능 제품을 잘 활용하기만 하면 되지."라고 생각할 수도 있을 거예요. 자동차가 움직이는 원리를 몰라도 운전은 할 수 있으니까요. 하지만 운전 중에 차가 갑자기 멈춰 섰다고 생각해 보세요. 자동차가 움직이는 원리를 알고 있다면 간단한 응급 처치로 해결할 수 있는 문제 상황에서는 차를 고쳐 다시 운전할 수 있을 거예요. 그런데 단지 운전만 할 수 있지 자동차가 움직이는 원리를 모른다면 간단한 응급 처치도 할 수 없을 것입니다. 인공지능의 원리를 전혀 모르고 인공지능을 사용하는 것은 마치 자동차가 어떻게 움직이는지 그 원리를 전혀 모른 체 운전하는 것과 같습니다.

　앞으로 우리가 살아갈 시대는 '인공지능을 잘 활용하는 사람과 인공지능을 잘 활용하지 못하는 사람'으로 나누어질 것입니다. 인공지능이 어떻게 작동되는지 알고 그 기술을 잘 활용하는 사람은 그렇지 못한 사람보다 삶을 더 편리하고 여유롭게 살아갈 수 있게 될 것입니다. 그래서 앞으로 어떤 직업을 가지고 살아가든 인공지능의 원리를 아는 것은 중요합니다.

　이미 영국을 비롯한 대부분의 선진국에서는 유치원이나 초등학교 때부터 많은 시간을 할애하여 인공지능 교육을 하고 있습니다. 우리나라도 2025년부터는 초중고등학교에서 지금보다 더 많은 시간 동안 인공지능 교육을 할 계획입니다.

인공지능의 작동 원리는 수학입니다. 아주 많은 데이터를 처리할 때 컴퓨터를 사용하여 인공지능이 처리하도록 합니다. 이때 인공지능은 데이터를 분석하고 그 특징을 찾아내는 데 수학을 이용합니다. 수학은 인공지능을 작동하게 하는 기계의 엔진과 같습니다.

그래서 인공지능이 어떻게 작동하는지 알려면 수학을 연계하여 이해할 필요가 있습니다.

수학은 인공지능이 일하도록 하는 엔진!

이 책은 '유치원이나 초등학교 수준의 아이들이 인공지능의 원리를 수학과 연계하여 쉽고 재미있게 이해하도록 도와주는 책은 왜 없을까?' 하는 생각에서 시작되었습니다. 실제로 인공지능에 적용되는 수학은 대부분 중학교 이상의 어려운 수준의 수학 내용입니다. 그래서인지 인공지능의 원리를 설명하는 책은 꾸준히 출간되고 있지만 대부분 고등학생 이상을 독자로 하는 책이라 그 내용이 쉽지 않습니다.

이 책은 복잡하고 어려운 수학의 기초가 되는 초등 수학의 교과서 내용을 그대로 적용하여 유치원이나 초등학교 수준의 아이들도 인공지능의 원리를 쉽게 이해할 수 있도록 하였습니다.

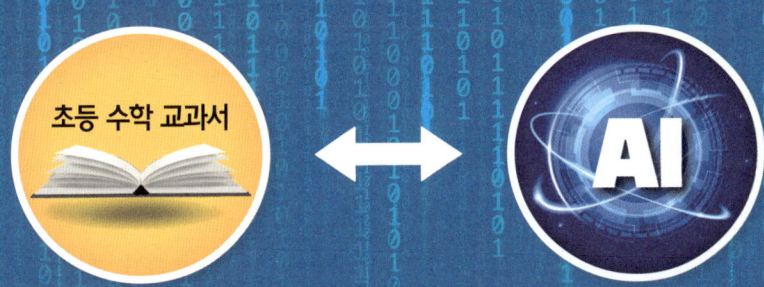

이 책을 통하여 아이들이 수학의 필요성을 느끼며 수학 공부를 하고, 인공지능의 원리를 이해하여 장차 인공지능을 잘 활용할 수 있기를 바랍니다. 또한 다가오는 미래 사회에서 인공지능을 활용하면서 삶을 보다 편리하고 행복하게 살 수 있기를 바랍니다.

수학이, 그리고 인공지능이 아이들에게 보다 쉽고 편하게 다가가기를 바라며

저자 일동

구성과 특징

1
수학으로 인공지능의 원리를 이해해요!

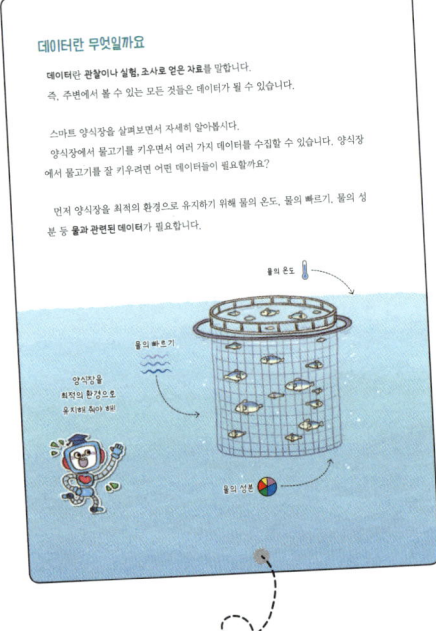

수학적 사고를 통해 인공지능의 원리를 다시 한번!

2
교과서 속에 숨은 인공지능의 원리를 알려 줘요!

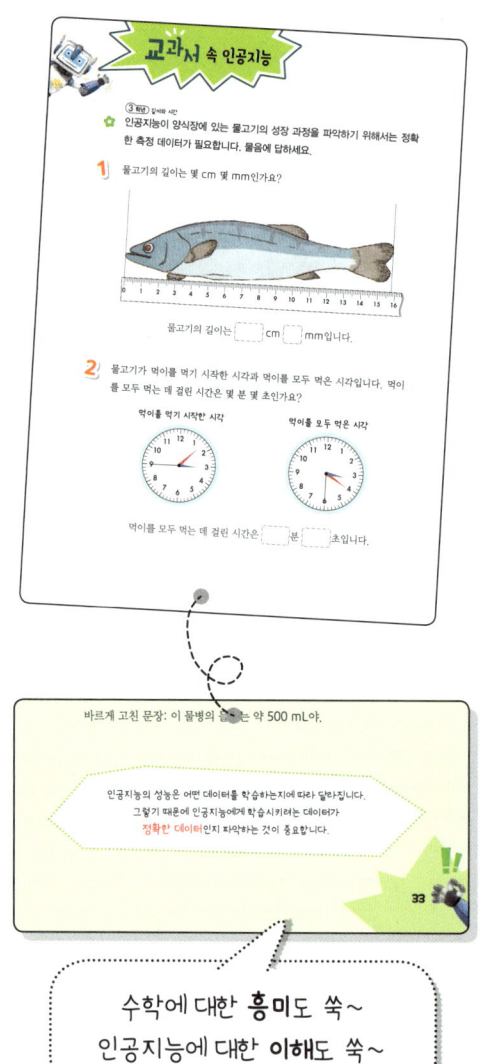

수학에 대한 흥미도 쑥~ 인공지능에 대한 이해도 쑥~

3

학습한 **인공지능의 원리**를 다양하게 **체험**할 수 있어요.

> 인공지능을 직접 체험할 수 있는 **플랫폼** 소개

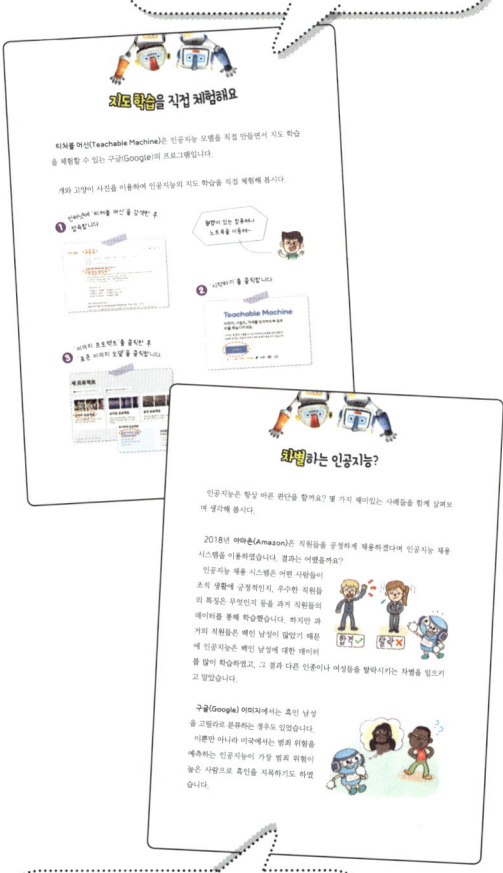

> 관련 지식을 쌓을 수 있는 **다양한 읽을거리** 제공

> 함께할 인공지능 로봇과 친구들이에요

깨봇
짱봇
유진
하준
재희
가인

 차례

인공지능, 어디까지 알고 있나요 • 12

1 인공지능은 무엇을 배울까요 • 18

데이터
#초등 수학 #3학년 #길이와 시간 / 들이와 무게
#4학년 #꺾은선그래프

2 인공지능은 어떻게 학습할까요(1) • 40

지도 학습
#초등 수학 #3학년 #평면도형
#4학년 #삼각형 / 사각형

3 인공지능은 어떻게 볼까요 • 60

사물 인식
#초등 수학 #3학년 #곱셈
#4학년 #규칙 찾기

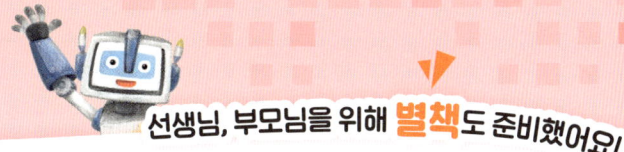

 4 인공지능은 어떻게 학습할까요(2) • 82

비지도 학습

#초등 수학 #3학년 #평면도형
#4학년 #삼각형 / 사각형

5 인공지능은 어떻게 기능이 향상될까요 • 106

강화 학습

#초등 수학 #4학년 #규칙 찾기

 6 인공지능은 어떻게 예측할까요 • 126

선형회귀분석

#초등 수학 #3학년 #자료의 정리
#4학년 #꺾은선그래프

 7 인공지능의 성능은 어떻게 확인할까요 • 150

인공지능 모델 평가

#초등 수학 #3학년 #분수

인공지능, 어디까지 알고 있나요

 기계가 사람처럼 생각하거나 학습할 수 있을까?

이런 의문에서 시작하여 연구하기 시작한 것이 바로 인공지능이에요. 사람처럼 생각하고 행동하는 기계를 만들려는 연구를 계속하면서 컴퓨터가 세계 체스나 바둑 챔피언을 이길 수 있는 지금에 이르렀답니다.

인공지능은 과연 무엇일까요?

인공지능(Artificial Intelligence, AI)이란, 상황을 스스로 판단하고 학습할 수 있는 등의 인간의 지적인 능력을 컴퓨터에서 구현하는 다양한 기술이나 소프트웨어를 말해요.

쉽게 말하면, 인공지능은 컴퓨터가 인간의 지능을 모방해서 우리 인간처럼 생각하고 판단할 수 있도록 하는 첨단 기술이지요.

인공지능이라는 말은 1956년 미국 다트머스 회의에서부터 사용하기 시작했어요. 수학자이자 컴퓨터 과학자인 존 매카시(John McCarthy)가 지능이 있는 기계를 만드는 과학 기술로 '인공지능'이라

는 용어를 사용하였지요. 이 회의에서 **지능을 가진 기계**가 무엇인지 정의하면서 **인공지능**이라는 용어가 널리 퍼지게 되었어요. 여기서 인공지능은 **기계가 지식을 가지고 스스로 학습하고 행동할 수 있어야 한다**라고 약속하였어요.

▲ 1956년 다트머스 회의의 모습

▼ 인공지능의 아버지라 불리는 '존 매카시(1927-2011)'

인공지능은 우리 생활 속에서 어떻게 활용되고 있을까요?

알파고(AlphaGo)

구글 딥마인드가 개발한 인공지능 바둑 프로그램이에요. 알파고는 사람보다 효과적으로 바둑의  다양한 수를 계산하고 판단할 수 있지요. 2016년 세계 최고의 바둑 기사인 이세돌 9단과의 경기에서 4승 1패라는 결과를 얻어 전 세계를 놀라게 했어요.

왓슨(Watson)

IBM의 왓슨은 인간의 언어를 이해하고 판단하는 데 최적화된 인공지능 슈퍼컴퓨터예요. 왓슨은 2011년  미국 유명 퀴즈 쇼에 참가해 전설적인 퀴즈의 달인들을 물리치고 우승을 차지했답니다. 왓

슨은 복잡하고 엄청난 양의 인간의 언어를 이해하고 분석할 만큼 뛰어났다고 해요.

인공지능 스피커

스피커에 인공지능 기술을 더한 스피커예요. 음악 감상, 소리 출력 외에도 사람의 음성을 인식하고, 뉴스나 날씨 정보를 알려 주기도 하며, 우리의 비서 역할도 척척 해 내요. 다른 가전제품과 연결해서 사람이 가전제품에 명령할 수 있도록 하는 사물 인터넷(IoT)을 만드는 데에도 중요한 역할을 한답니다.

자율 주행차

자율 주행차는 사람이 운전하지 않아도 스스로 움직이는 자동차를 말해요. 자동차가 스스로 움직이기 위해서는 다양한 기술이 필요해요. 특히, 주변 사물을 인식할 수 있는 센서가 중요해요. 센서는 자동차 주변의 환경을 인식하고 이미지를 분석해서 자동차가 안전하게 갈 수 있도록 도와줍니다. 자율 주행차는 기본적으로 차선과 도로, 장애물을 인식하고, 여러 표지판의 의미를 이해하여 갑작스런 돌발 상황도 대처할 수 있지요.

추천 시스템

유튜브에서 영상을 보다가 방금 내가 본 영상과 비슷한 영상을 추천해 주는 경험을 겪은 적이 있나요? 이것도 인공지능이 적용된 사례입니다. 추천

시스템은 인공지능 알고리즘을 활용하여 특정 사용자가 관심을 가질 만한 정보(영화, 음악, 책, 뉴스, 이미지, 웹 페이지 등)를 추천해 주는 기술이에요. 이 기술은 인터넷 쇼핑몰에서 사용자가 자주 검색한 것을 토대로 다른 상품을 추천할 때도 적용된답니다.

인공지능 기술은 어떻게 만들 수 있는 것일까요?

인공지능을 만들 수 있는 대표적인 방법은 **기계 학습(machine learning)**과 **딥 러닝(deep learning)**이 있어요.

기계 학습은 기계가 학습한다는 의미예요. 우리가 무언가를 새로 배울 때 학습의 과정을 거치는 것처럼, 기계도 학습을 통해서 인공지능으로 거듭나는 것이지요. 학습에 필요한 데이터를 정리해서 주면 컴퓨터가 스스로 학습한 후에 패턴과 규칙성을 찾아 결과를 예측할 수 있어요.

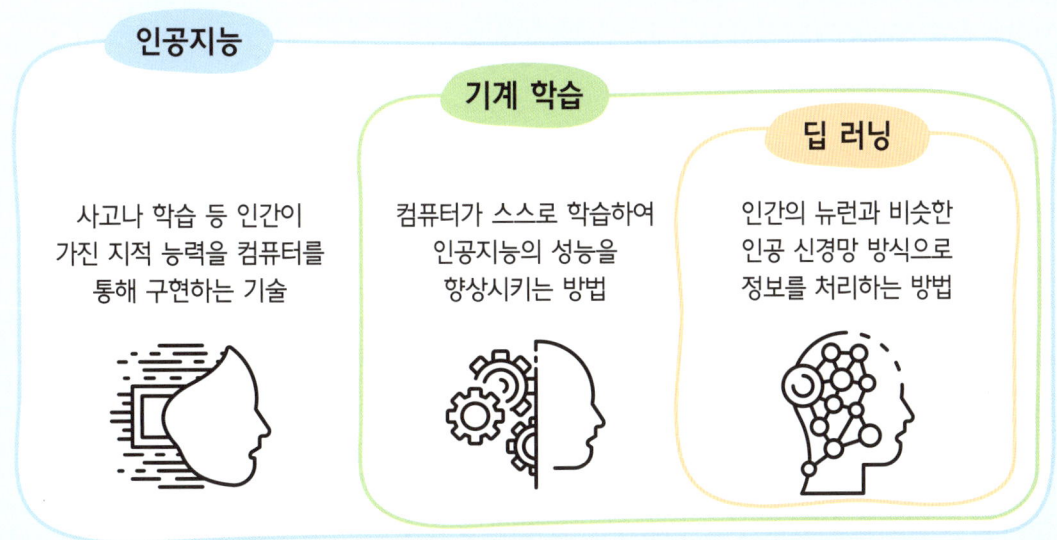

기계 학습의 방법으로 정답을 모두 알려 주는 **지도 학습**, 인공지능이 스스로 규칙을 찾도록 하는 **비지도 학습**, 보상을 주면서 가르쳐 주는 **강화 학습** 등이 있어요.

딥 러닝은 인간의 뇌 신경망을 모방한 인공 신경망을 기반으로 하는 인공지능 기술이에요. 사람이 생각하는 과정을 그대로 재현해서 학습할 데이터를 주면 스스로 찾아 학습하는 방법이지요.

그렇다면 인공지능을 이해하려면 무엇을 알아야 할까요?

인공지능은 **데이터** 없이 만들어질 수 없기 때문에 먼저 데이터가 무엇인지 알아야 해요. 데이터란 관찰, 실험, 조사 등으로 얻은 자료를 말해요. 인공지능은 객관적이고 정확하면서 많은 양의 데이터를 학습할수록 더 좋은 성능을 발휘한답니다.

> **그래서 이렇게 준비했어요**
> **1** 데이터
> **2** 지도 학습
> **3** 사물 인식
> **4** 비지도 학습
> **5** 강화 학습
> **6** 선형회귀분석
> **7** 인공지능 모델 평가

인공지능이 **데이터를 어떻게 인식**하는지도 알아야 해요. 그림, 사진과 같은 이미지 데이터는 디지털 정보인 화소와 화소의 색에 따라 수로 나타낸 화소값으로 되어 있어요. 이미지 데이터마다 화소의 구성, 형태, 화소값은 다르게 나타나는데 인공지능은 이 다른 점을 학습하여 사물을 구분한답니다.

그리고 인공지능이 예측하는 방법도 알아야 해요. 인공지능이 예측하는 방법으로 **회귀분석**이 있어요. 회귀분석이란 데이터들의 관계를 분석하는 기법이에요. 또 인공지능이 계산한 회귀분석 결과를 산점도 그래프로 나타낸 후 추세선을 표시하면 데이터들의 추세를 한눈에 알 수 있고 미래의 데이터도 예측하기 쉬워진답니다.

마지막으로 **인공지능 모델을 평가하는 방법**에 대한 이해가 필요해요. 분류형 인공지능 모델을 평가하는 지표로 정확도, 정밀도, 적중률, F1 스코어(F1 Score)가 있어요. 이 중 하나의 지표로는 인공지능의 정확한 성능을 평가하기 어렵기 때문에 다른 지표들을 통해 보완해서 평가하고 있답니다.

점점 인공지능을 만드는 방법과 그 원리가 궁금해지지 않나요? 여러분이 학교에서 배우는 수학을 이용한다면 쉽고 재미있게 알 수 있답니다! 왜냐하면 인공지능 속에는 우리가 학교에서 배우는 수학의 원리가 숨어 있기 때문이에요.

지금부터 수학으로
인공지능의 비밀을 함께 파헤쳐 볼까요?

인공지능은 무엇을 배울까요

데이터

- 측정으로 이해해요 **3학년** 길이와 시간 / 들이와 무게
- 자료와 가능성으로 이해해요 **4학년** 꺾은선그래프

데이터

　양식장의 물고기들은 물의 온도나 물의 성분이 맞지 않으면 살아가기 어렵습니다. 갑작스러운 기후 변화로 양식장의 환경이 바뀌면서 물고기들이 떼죽음을 당하는 사고가 발생하기도 하였습니다.

이런 사고를 예방하기 위해 과학자들은 인공지능 기술을 개발하였습니다.

이 인공지능 기술로 양식장의 환경을 최적으로 유지하고, 물고기의 질병까지 진단하여 미리 치료할 수 있게 되었습니다.

어떻게 이런 일이 가능한 것일까요?

그 이유는 물고기가 살아가는 데 필요한 환경, 물고기의 먹이, 성장 단계, 모양, 색, 움직임 등 다양한 데이터를 수집하고, 수집한 데이터를 학습한 인공지능을 이용하여 양식장을 관리하였기 때문입니다.

인공지능을 훈련하여 성능을 높이기 위해서는 데이터가 꼭 필요합니다.

그럼 인공지능이 학습하는 **데이터**에 대해 알아볼까요?

생각해 봐요!

★ **데이터**란 무엇일까요?

★ **데이터**의 종류에는 어떤 것이 있을까요?

★ **데이터**를 활용하여 무엇을 할 수 있을까요?

데이터란 무엇일까요

데이터란 **관찰이나 실험, 조사로 얻은 자료**를 말합니다.
즉, 주변에서 볼 수 있는 모든 것들은 데이터가 될 수 있습니다.

스마트 양식장을 살펴보면서 자세히 알아봅시다.
양식장에서 물고기를 키우면서 여러 가지 데이터를 수집할 수 있습니다. 양식장에서 물고기를 잘 키우려면 어떤 데이터들이 필요할까요?

먼저 양식장을 최적의 환경으로 유지하기 위해 물의 온도, 물의 빠르기, 물의 성분 등 **물과 관련된 데이터**가 필요합니다.

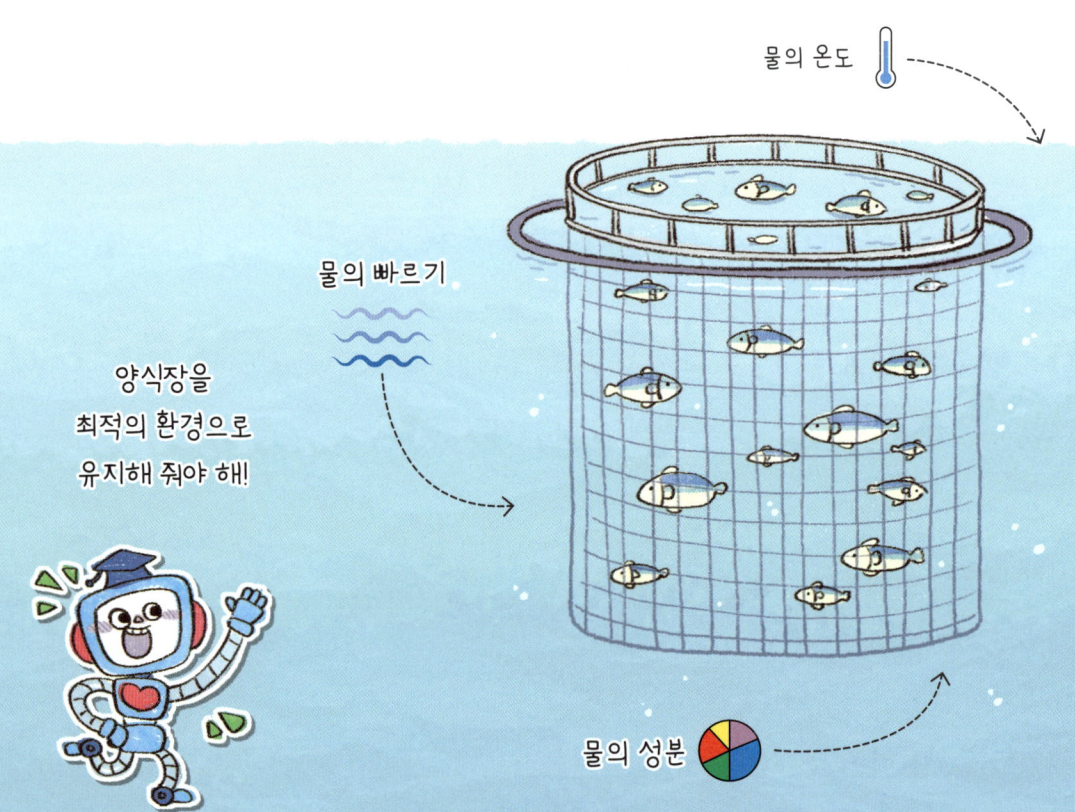

그리고 물고기가 건강하게 잘 자라고 있는지 주기적으로 관찰해야 합니다. 건강한 물고기인지 확인하려면 성장 과정에 따른 **물고기의 특징과 움직임에 관한 데이터**도 필요합니다.

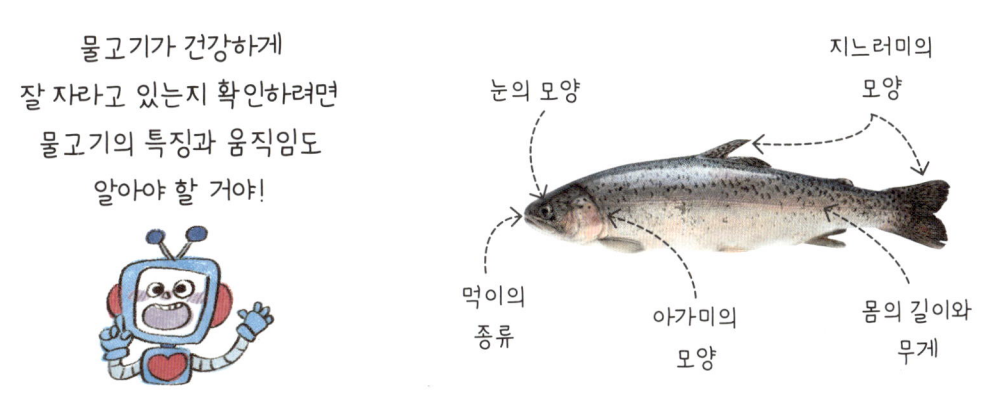

이와 같이 **양식장과 물고기에서 찾을 수 있는 일반적인 데이터**를 아날로그* 데이터라고 합니다.

하지만 인공지능은 아날로그 데이터를 이해하지 못하기 때문에 이 데이터를 인공지능(컴퓨터)이 이해할 수 있는 디지털* 구조로 바꿔 주어야 합니다.
이때 **아날로그 데이터를 디지털 방식으로 바꾼 것**을 **디지털 데이터**라고 합니다.

* **아날로그** 어떤 수치를 길이, 무게, 각도 등으로 나타내는 것
디지털 데이터를 수치로 바꾸어 처리하거나 숫자로 나타내는 것

디지털 데이터의 종류에는 무엇이 있을까요?

숫자 데이터
숫자로 된 데이터
예) 10 ℃, 15 cm, 5 kg 등

문자 데이터
한글, 영어, 한자와 같이 글자로 된 데이터
예) 돌돔, red seabream(참돔), 廣魚(광어) 등

이미지 데이터
그림, 사진과 같은 데이터
예)   ,   등

소리 데이터
소리로 된 데이터
예)

동영상 데이터
연속적인 장면으로 움직이는 영상 데이터
예)

내가 이해할 수 있는 디지털 데이터야!

데이터의 종류로 **아날로그 데이터**와 이 데이터를 디지털 구조로 바꾼 **디지털 데이터**가 있구나!

'측정'으로 이해 쏘~옥!

3학년 때 배우는 '길이', '무게'로 살펴봅시다.

인공지능으로 양식장을 관리하기 위해 넙치의 성장 과정과 관련된 데이터를 수집하려고 합니다.

▲ 넙치

넙치의 성장 과정을 보고 여러 가지 데이터를 수집해 볼까요?

먼저 넙치가 태어난 후 시간이 지남에 따라 어떻게 성장했는지에 대한 데이터를 수집합니다.

넙치가 태어난 후 5일마다 어떻게 성장했는지 모습을 관찰했습니다.

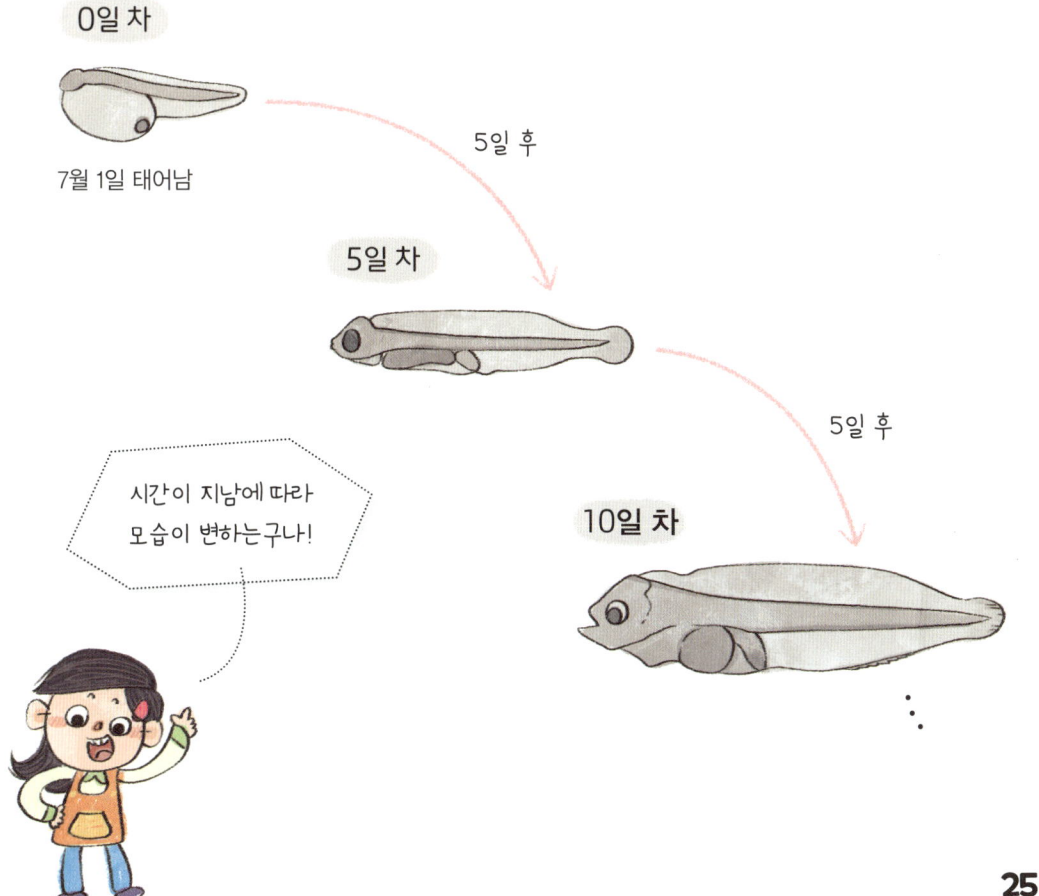

시간이 지남에 따라 모습이 변하는구나!

25

넙치의 성장 과정을 더 정확하게 파악하기 위해서는 넙치의 길이, 무게와 관련된 데이터도 필요합니다.

넙치가 태어난 후 시간이 지남에 따라 길이와 무게가 어떻게 변하였는지 측정하였습니다.

성장 기간	넙치	길이	무게
0일 차		2.5 mm	약 1 g
5일 차		4 mm	약 2 g
10일 차		5.7 mm	약 4 g
⋮	⋮	⋮	⋮

[자료: 국립수산과학원]

이렇게 수집한 데이터를 인공지능에게 학습시킵니다.

이 데이터를 학습한 인공지능은 양식장에서 무엇을 할 수 있을까요?

인공지능은 학습한 데이터를 바탕으로 양식장의 넙치들이 건강하게 잘 자라고 있는지, 아픈 물고기는 없는지 알 수 있답니다.

그리고 인공지능은 양식장에 있는 많은 넙치를 관찰하면서 많은 양의 데이터를 학습하고, 이 데이터를 바탕으로 넙치의 성장을 예측할 수 있습니다.

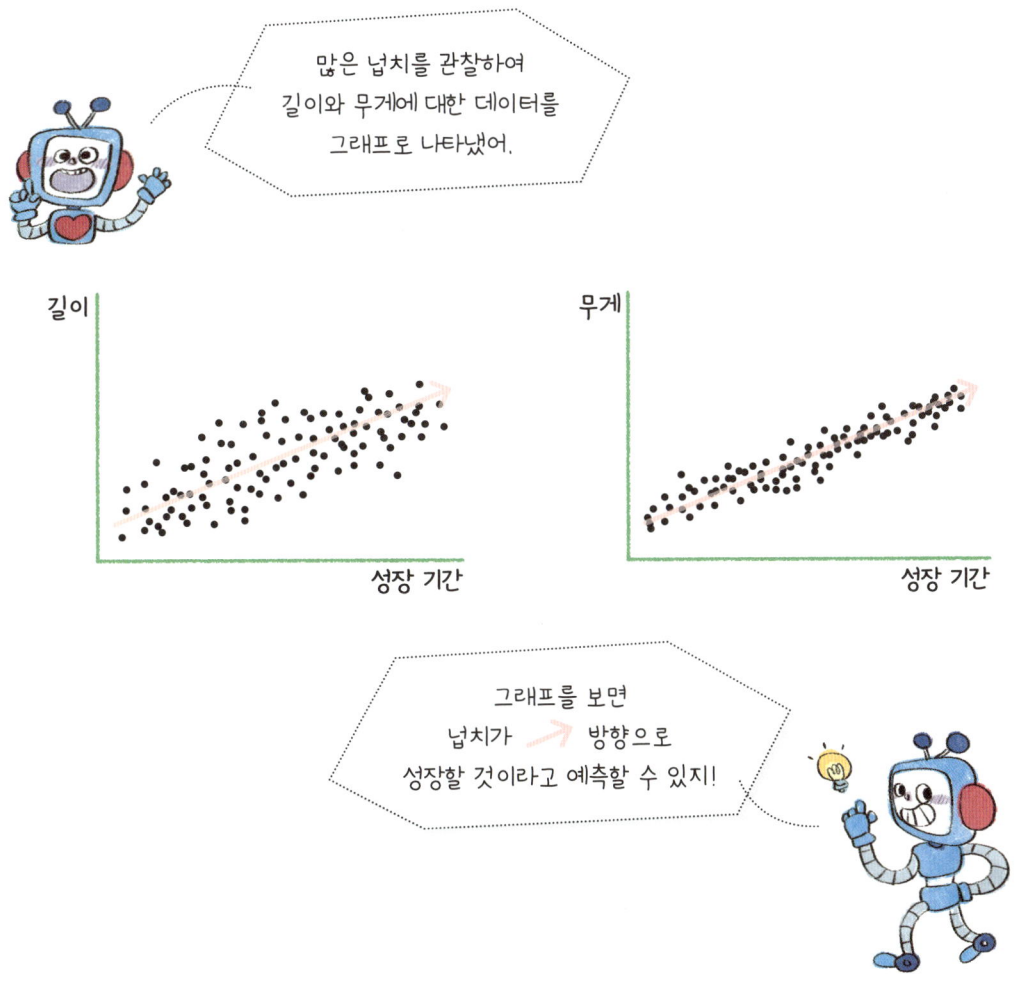

이와 같이 다양한 데이터를 학습한 인공지능은 양식장에서 물고기들이 잘 자랄 수 있도록 도와줄 것입니다. 게다가 인공지능은 많은 양의 데이터를 계속 학습하면서 점점 더 똑똑해진답니다.

다만 인공지능은 학습하는 데이터에 따라 성능이 달라집니다. 객관적이고 정확한 데이터를 학습한 인공지능은 의도에 맞게 좋은 성능을 발휘하지만, 그렇지 못한 데이터를 학습한 인공지능은 제 성능을 발휘하지 못합니다.

그렇기 때문에 **인공지능에게 데이터는 매우 중요합니다.**

생활 속 데이터를 학습한 인공지능은 우리 주변에서 많은 도움을 주고 있습니다.

◀ 스마트 팜

◀ 로봇 청소기

인공지능 스피커 ▶

인공지능! 이렇게 생각하면 쉬워요.

우리 주변에 있는 데이터를 이용해 다양한 인공지능을 만들 수 있구나.

맞아. 인공지능은 데이터의 영향을 많이 받기 때문에 **정확하고 객관적인 데이터**를 학습해야 해.

3학년 길이와 시간

⭐ 인공지능이 양식장에 있는 물고기의 성장 과정을 파악하기 위해서는 정확한 측정 데이터가 필요합니다. 물음에 답하세요.

1 물고기의 길이는 몇 cm 몇 mm인가요?

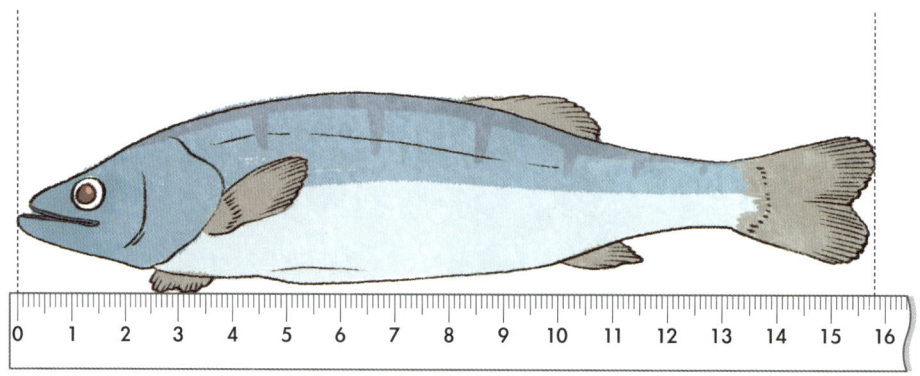

물고기의 길이는 ☐ cm ☐ mm입니다.

2 물고기가 먹이를 먹기 시작한 시각과 먹이를 모두 먹은 시각입니다. 먹이를 모두 먹는 데 걸린 시간은 몇 분 몇 초인가요?

먹이를 먹기 시작한 시각   먹이를 모두 먹은 시각

먹이를 모두 먹는 데 걸린 시간은 ☐ 분 ☐ 초입니다.

3 (3학년) 들이와 무게

재희, 유진, 현수가 각자 가지고 있는 물건의 들이를 재어 보았습니다. 들이의 단위를 잘못 사용한 사람을 찾아 이름을 쓰고, 문장을 바르게 고쳐 보세요.

들이의 단위를 잘못 사용한 사람: _____

바르게 고친 문장

30~31쪽 확인하기

1 물고기 머리의 끝이 자의 눈금 0에 있으므로 꼬리지느러미 끝의 자의 눈금을 읽습니다.

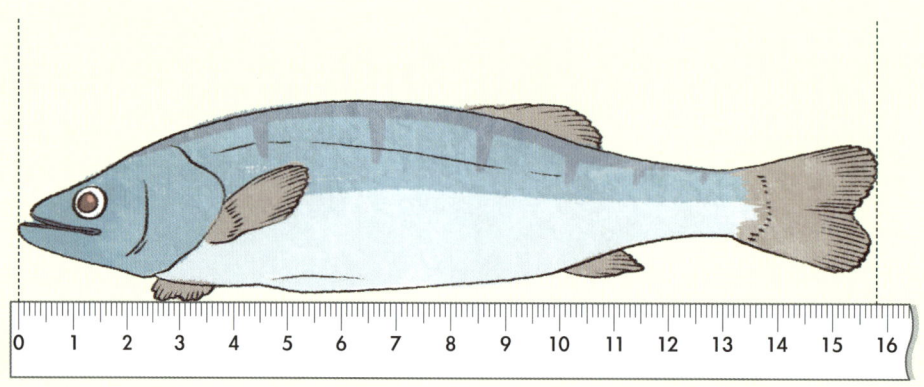

물고기의 길이는 15 cm보다 작은 눈금 8칸만큼 더 길므로 15 cm 8 mm입니다.

2 시계가 나타내는 시각을 알아봅니다.

먹이를 먹기 시작한 시각

3시 7분 45초

먹이를 모두 먹은 시각

3시 20분 30초

(먹이를 모두 먹는 데 걸린 시간)
=(먹이를 모두 먹은 시각)−(먹이를 먹기 시작한 시각)
=3시 20분 30초−3시 7분 45초
=12분 45초

3 오른쪽 우유갑의 들이와 비교하여 단위를 바르게 사용했는지 알아봅니다.

200 mL 500 mL 1 L

- 재희

  종이컵과 200 mL 우유갑을 비교하면 들이가 비슷하므로
  종이컵의 들이는 약 180 mL입니다.

- 유진

  물뿌리개와 1 L 우유갑을 비교하면 물뿌리개는 우유갑 2개의 들이와 비슷하므로 물뿌리개의 들이는 약 2 L입니다.

- 현수

  물병과 500 mL 우유갑을 비교하면 들이가 비슷하므로
  물병의 들이는 약 500 mL입니다.

따라서 단위를 잘못 사용한 사람은 현수입니다.
바르게 고친 문장: 이 물병의 들이는 약 500 mL야.

> 인공지능의 성능은 어떤 데이터를 학습하는지에 따라 달라집니다. 그렇기 때문에 인공지능에게 학습시키려는 데이터가 **정확한 데이터**인지 파악하는 것이 중요합니다.

타교과 및 생활 속 인공지능

⭐ 다음은 1995년부터 5년마다 촌락의 인구를 조사하여 나타낸 그래프입니다.

촌락의 인구

(만 명)

연도	65세 이상	15세~64세	14세 이하
1995	84	412	112
2000	101	368	91
2005	116	296	66
2010	125	271	52
2015	127	307	43
2020	139	289	37

[출처: 통계청, 「인구총조사」]

촌락의 인구가 줄어들어 일손이 부족한가 봐.
좋은 해결 방안은 없을까?

인공지능으로 온도나 습도 등을 조절하면서 식물을 관리해 주는
스마트 팜 기술을 활용하면 해결할 수 있을 것 같아~

◀ 스마트 팜 기술을 활용한 농장

오오~ 그럼 부족한 일손 문제가 해결되겠다!

하지만 인공지능이 분석한 데이터를 잘 해석해야
스마트 팜도 성공할 수 있을 거야.
다음 문제를 풀어 보면서 자세히 설명해 줄게.

인공지능이 식물 가, 나, 다의 키를 5일마다 관찰하면서 다음과 같은 데이터를 얻었습니다. 물음에 답하세요.

식물의 키

날짜	식물 가	식물 나	식물 다
5일	1 cm	1 cm	1 cm
10일	3 cm	2 cm	4 cm
15일	3 cm	3 cm	5 cm
20일	2 cm	7 cm	6 cm

1 식물 가, 나, 다의 키의 변화를 꺾은선그래프로 나타내어 보세요.

2 식물 가, 나, 다의 키는 시간이 지나면서 어떻게 변하였는지 써 보세요.

3 관찰하는 동안 시든 식물은 무엇인지 쓰고, 그렇게 생각한 이유를 써 보세요.

34~35쪽 확인하기

1 표를 보고 알맞게 점을 찍은 후 점들을 선분으로 연결합니다.

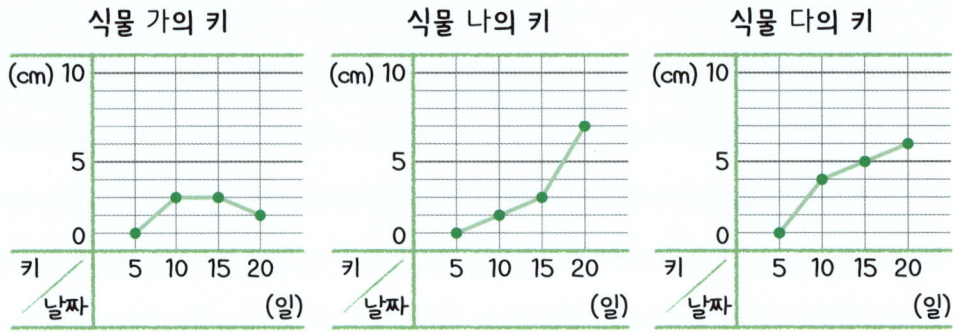

2
- 식물 가: 키가 자라다가 10일과 15일 사이에는 자라지 않고, 15일과 20일 사이에는 작아졌습니다.
- 식물 나: 키가 1 cm씩 일정하게 자라다가 15일과 20일 사이에는 빠르게 자랐습니다.
- 식물 다: 키가 5일과 10일 사이에는 빠르게 자라다가 그 이후에는 1 cm씩 일정하게 자랐습니다.

3 식물 가입니다.
키가 10일과 15일 사이에는 자라지 않다가 20일에는 이전보다 줄었습니다. 식물이 자라면서 키가 줄기는 어려우므로 시들었다고 생각할 수 있습니다.

 만약 이 데이터로 식물이 잘 자랄 수 있는지
예측하는 인공지능을 만든다면 어떻게 될까?

인공지능이 키가 자라다가 작아진 식물 가도 학습하게 되니까
성장 과정을 잘 분석할 수 없을 것 같아.

 맞아. 네가 스마트 팜 주인이라면 어떻게 할 거야?

인공지능에게 식물 가를 제외하고
식물 나와 식물 다에 대한 데이터만 학습시킬 거야.

 그렇지. 잘못된 데이터로 학습한 인공지능은
오류가 발생하거나 잘못된 판단을 할 수도 있어.
그래서 데이터가 인공지능에게 학습시키기에 적합한지
판단하는 능력도 필요해.

휴… 좋은 인공지능은 쉽게 만들어지지 않는구나~

차별하는 인공지능?

인공지능은 항상 바른 판단을 할까요? 몇 가지 재미있는 사례들을 함께 살펴보며 생각해 봅시다.

2018년 **아마존(Amazon)**은 직원들을 공정하게 채용하겠다며 인공지능 채용 시스템을 이용하였습니다. 결과는 어땠을까요?

인공지능 채용 시스템은 어떤 사람들이 조직 생활에 긍정적인지, 우수한 직원들의 특징은 무엇인지 등을 과거 직원들의 데이터를 통해 학습했습니다. 하지만 과거의 직원들은 백인 남성이 많았기 때문에 인공지능은 백인 남성에 대한 데이터  를 많이 학습하였고, 그 결과 다른 인종이나 여성들을 탈락시키는 차별을 일으키고 말았습니다.

구글(Google) 이미지에서는 흑인 남성을 고릴라로 분류하는 경우도 있었습니다.

이뿐만 아니라 미국에서는 범죄 위험을 예측하는 인공지능이 가장 범죄 위험이 높은 사람으로 흑인을 지목하기도 하였습니다.

왜 이런 일들이 벌어진 것일까요?

바로 인공지능이 한쪽으로 치우쳐진 데이터들을 학습했기 때문입니다.

다음 사례를 살펴봅시다.

사람들이 일반적으로 개와 고양이 중 어떤 동물을 더 좋아하는지 인공지능을 이용하여 알아보았습니다. 그 방법으로 인공지능에게 일정 기간 동안 인터넷에서 '개' 또는 '고양이'를 검색한 횟수가 얼마나 되는지 조사하게 하였습니다. 즉, 검색한 횟수가 많은 동물을 사람들이 더 좋아하는 동물로 판단하게 한 것이죠. 그런데 하필 조사 기간 중 고양이에게 전염병이 퍼지면서 고양이를 좋아하는 단체에서 집중적으로 '고양이 질병'을 검색하였습니다. 조사 기간이 끝난 후 인공지능은 사람들이 일반적으로 고양이를 더 좋아한다고 판단하였습니다.

이와 같은 경우 여러분은 인공지능이 내린 판단을 믿을 수 있나요?

이와 같이 인공지능이 한쪽으로 치우쳐진 판단을 하는 것을 **인공지능의 편향성**이라고 합니다. 편향성이 있는 인공지능은 바른 판단을 하지 못합니다. 그래서 개발자들은 객관적인 인공지능을 만들기 위해 많은 노력을 쏟고 있습니다. 우리도 함께 관심을 가져 봅시다.

인공지능은 어떻게 학습할까요(1)

지도 학습

- 도형으로 이해해요　③ 학년 평면도형
　　　　　　　　　　④ 학년 삼각형/사각형

지도 학습

　재활용 쓰레기를 분류해 주는 로봇을 보거나 들어 본 적이 있나요? 이 로봇은 버려지는 쓰레기로부터 환경을 보호하기 위해 개발되었습니다. 로봇에 캔, 페트병 등 재활용할 수 있는 쓰레기를 넣으면 로봇은 쓰레기를 종류에 따라 분류합니다.

로봇이 어떻게 재활용 쓰레기를 알아서 분류할 수 있을까요? 그것은 재활용 쓰레기에 대한 데이터를 학습한 인공지능 덕분에 가능한 것입니다.

그렇다면 인공지능은 어떻게 학습할까요?
지금부터 인공지능의 학습 방법인
지도 학습에 대해 알아보겠습니다.

생각해 봐요!
★ **지도 학습**이란 무엇일까요?
★ **지도 학습**이 잘 이루어지려면 어떻게 해야 할까요?

지도 학습이란 무엇일까요

인공지능의 학습 방법은 사람의 학습 방법과 비슷합니다.

만약 캔과 페트병을 전혀 알지 못하는 동생에게 캔과 페트병을 알려 주려면 어떻게 해야 할까요?

여러 가지 방법이 있겠지만 말로 일일이 설명하는 것보다 직접 다양한 캔과 페트병을 보여 주면서 알려 주면 쉽게 이해할 수 있을 것입니다.

이렇게~ 말이죠!

캔과 페트병을 직접 보여 주면서 알려 주면 동생은 캔과 페트병이 무엇인지 쉽게 알 수 있습니다.

이처럼 **직접 인공지능에게 정답과 관련 있는 데이터를 학습시키는 방법**을 지도 학습이라고 합니다.

오른쪽과 같이 짱봇에게 지도 학습으로 캔과 페트병을 학습시킵니다.

그런데 짱봇에게 일반적인 캔이 아닌 찌그러진 캔이나 뚜껑이 있는 캔을 보여 주면 캔과 페트병을 구분할 수 있을까요?

지도 학습으로 일반적인 캔만 학습한 짱봇은 이런 모양의 캔을 학습하지 못했기 때문에 캔과 페트병을 구분하지 못할 수도 있습니다.

지도 학습으로 인공지능을 똑똑하게 만들려면 다양한 예, 즉 **다양한 데이터를 가능한 많이 학습시켜야 합니다.**

'도형'으로 이해 쏘~옥!

3학년 때 배우는 '평면도형'으로 살펴봅시다.

지도 학습으로 삼각형과 사각형을 구분하는 짱봇을 만들려면 무엇이 필요할까요?

삼각형과 사각형 데이터가 필요할 거야.

가능한 다양한 종류의 삼각형과 사각형 데이터를 준비합니다. 그리고 삼각형과 사각형을 구분 지어 학습시킵니다. 그러면 짱봇은 스스로 삼각형과 사각형 무리에서 공통점을 찾아냅니다.

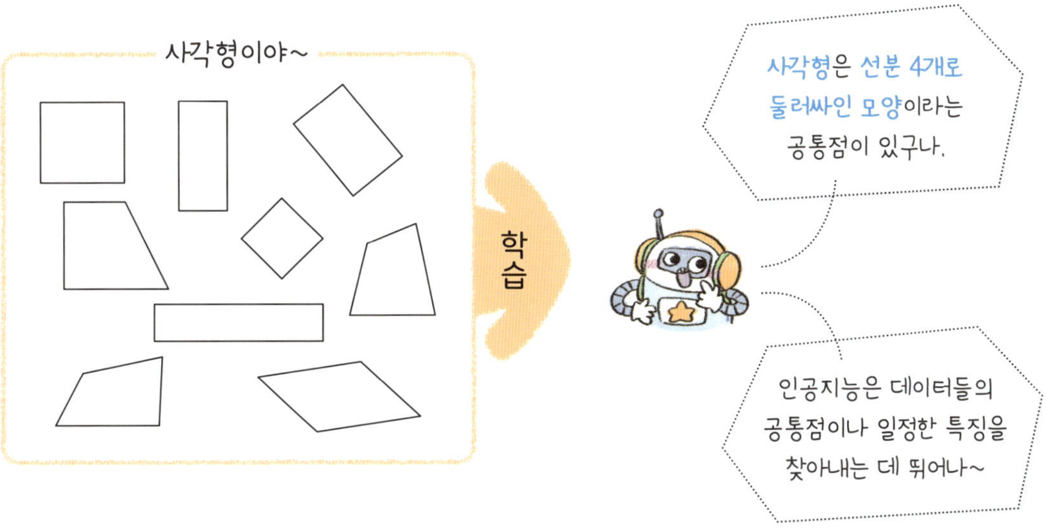

삼각형이야~ → 학습 → 삼각형은 선분 3개로 둘러싸인 모양이라는 공통점이 있구나.

사각형이야~ → 학습 → 사각형은 선분 4개로 둘러싸인 모양이라는 공통점이 있구나.

인공지능은 데이터들의 공통점이나 일정한 특징을 찾아내는 데 뛰어나~

이제 새로운 데이터로 짱봇이 잘 학습했는지 테스트해 봅시다.

이 도형의 이름은 무엇일까?

맞아. 그렇다면 이 도형의 이름은?

잘했어. 이번에는 이것도 맞혀 봐.

아니야! 틀렸어.

짱봇이 잘 모르거나 잘못 알고 있다면 어떻게 해야 할까요?

이런 경우 짱봇에게 다양한 데이터를 더 많이 학습시키면 됩니다.

 이와 같이 지도 학습하는 인공지능은 학습시키는 데이터의 양이 많고 다양할수록 높은 성능을 발휘합니다.

인공지능! 이렇게 생각하면 쉬워요.

인공지능에게 정답과 관련 있는 데이터를 학습시키는 방법이 지도 학습이구나.

지도 학습으로 높은 성능의 인공지능이 되려면 가능한 다양한 데이터를 많이 학습해야 해.

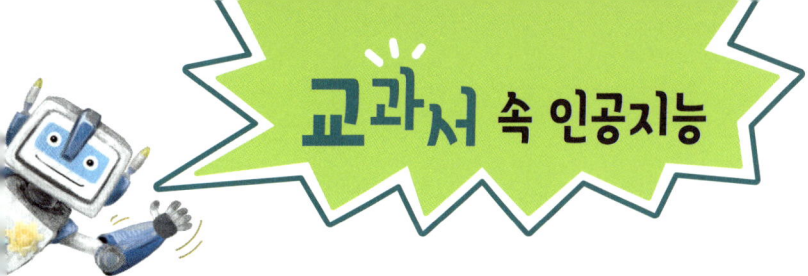

교과서 속 인공지능

4 학년 삼각형

1 다음과 같이 짱봇에게 삼각형을 구분 지어 학습시키려고 합니다. 학습시키려고 한 삼각형의 이름은 무엇인지 보기에서 찾아 써 보세요.

보기

예각삼각형 직각삼각형 둔각삼각형

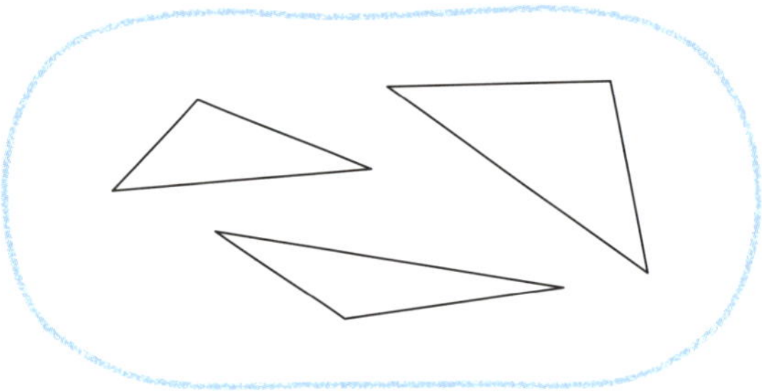

→ [ ]

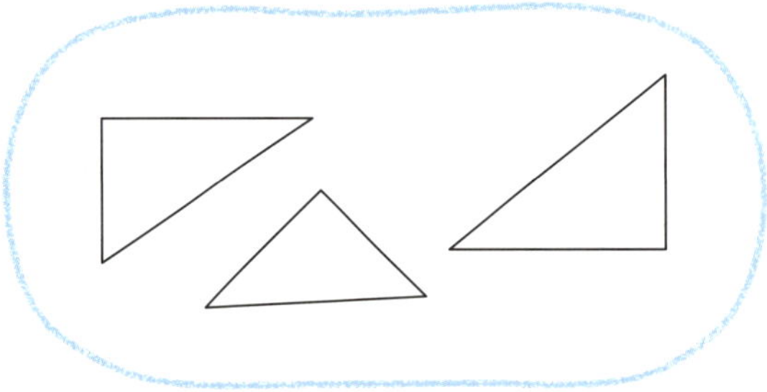

→ [ ]

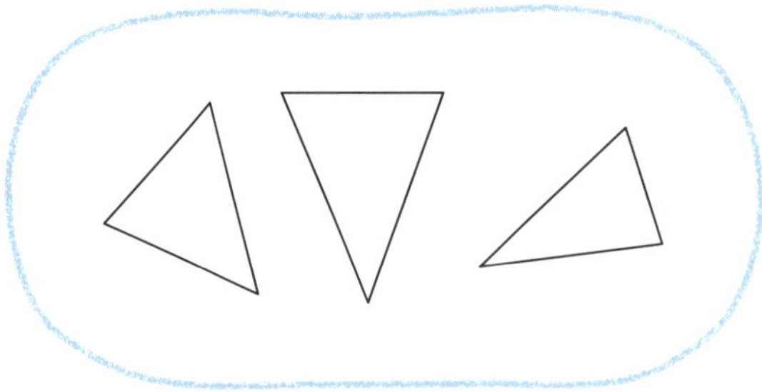

→ [ ]

2 (4학년) 사각형

다음과 같이 짱봇에게 사다리꼴을 학습시키려고 합니다. 도형 중 잘못된 도형을 찾아 기호를 쓰고, 잘못된 이유를 써 보세요.

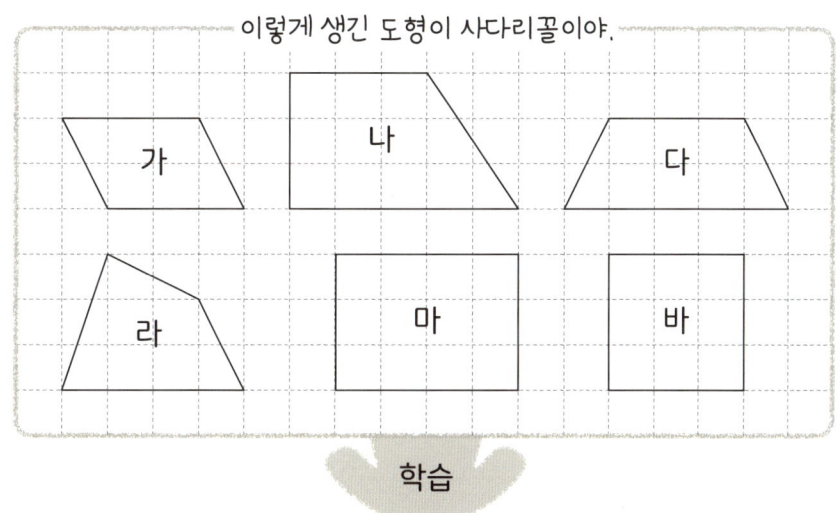

잘못된 도형은 ☐ 입니다.

왜냐하면 _____

50~51쪽 확인하기

1. 삼각형은 각의 크기에 따라 예각삼각형, 직각삼각형, 둔각삼각형으로 분류할 수 있으므로 각 삼각형의 각의 크기를 살펴봅니다.

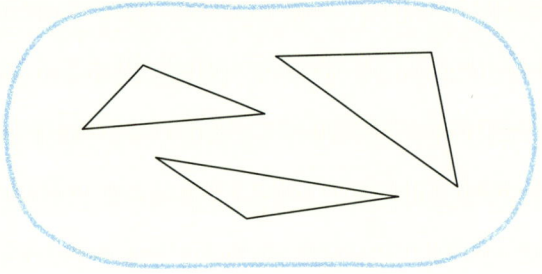

한 각이 둔각이므로 둔각삼각형입니다.

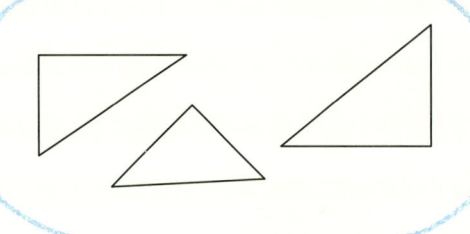

한 각이 직각이므로 직각삼각형입니다.

세 각이 모두 예각이므로 예각삼각형입니다.

지도 학습으로 학습시킬 때는 데이터의 특징에 맞게 다양한 데이터를 구분 지어 학습시켜야 합니다.

2 평행한 변이 한 쌍이라도 있는 사각형을 사다리꼴이라고 합니다.
가, 나, 다, 마, 바는 평행한 변이 한 쌍 또는 두 쌍 있으므로 사다리꼴입니다.

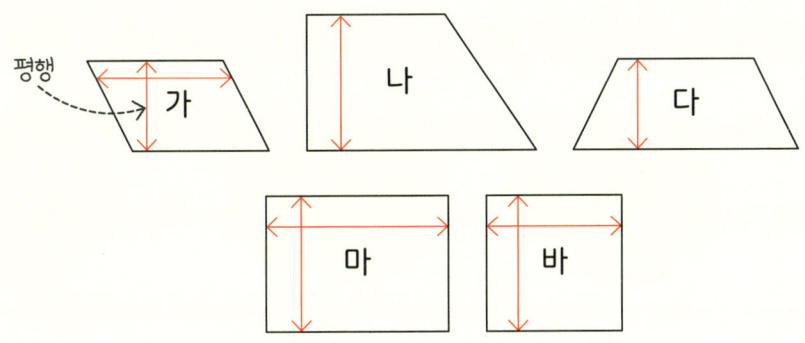

잘못된 도형은 라입니다.
왜냐하면 평행한 변이 없는 라는
사다리꼴이 아니기 때문입니다.

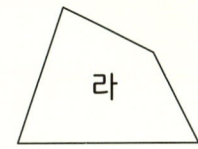

지도 학습에서는 많은 데이터로 학습시키는 것뿐만 아니라
올바른 데이터로 학습시키는 것 또한 매우 중요합니다.

⭐ 가인이는 다음과 같이 호박과 오이 사진을 각각 6장씩 준비하여 짱봇을 학습시켰습니다.

이건 호박이야~

이건 오이야~

가인이는 짱봇이 잘 학습했는지 확인하기 위해 새로운 호박 사진으로 테스트했습니다.

이것은 무엇일까?

짱봇은 새로운 호박 사진을 보고 오이라고 대답했습니다. 물음에 답하세요.

 짱봇이 호박 사진을 보고 왜 오이라고 대답했는지 이유를 써 보세요.

2 가인이는 짱봇의 정확도를 높이기 위해 호박 사진을 더 학습시키려고 합니다. 가장 적절한 사진을 찾아 ◯표 하고, 그 이유를 써 보세요.

54~55쪽 확인하기

⭐ 준비한 호박 사진을 살펴봅니다.

'6장의 사진 중 5장은 둥글고 넓적한 모양, 1장은 길쭉한 모양입니다.'
'초록색 또는 주황색을 띕니다.'
'표면이 매끌매끌한 편입니다.'

등의 특징을 찾을 수 있습니다.

준비한 오이 사진을 살펴봅니다.

'6장의 사진 모두 길쭉한 모양입니다.'
'초록색을 띕니다.'
'표면이 가슬가슬한 편입니다.'

등의 특징을 찾을 수 있습니다.

새로운 호박 사진을 살펴봅니다.

'길쭉한 모양이고, 초록색을 띱니다.'
'표면이 매끌매끌한 편입니다.'

이 특징은 앞에서 살펴본 호박의 특징과 비슷합니다.

하지만 가인이가 학습시킨 사진을 살펴보면
호박 사진의 경우 6장 중 5장은 둥글고 넓적한 모양이고, 1장은 길쭉한 모양입니다. 초록색 또는 주황색을 띤 호박이 3장씩 섞여 있습니다.
오이 사진의 경우 6장 모두 길쭉한 모양이고, 초록색을 띱니다.
새로운 호박 사진은 길쭉한 모양이고, 초록색을 띠기 때문에 짱봇이 사진을 보고 오이라고 대답했을 것입니다.

② 짱봇이 길쭉한 모양이고, 초록색을 띤 호박 사진을 보고 오이라고 대답했습니다.
따라서 정확도를 높이기 위해서는 오른쪽 호박 사진을 더 학습시키는 것이 가장 적절합니다.

가능한 다양한 데이터를 많이 학습해야 정확도가 높아져.

지도학습을 직접 체험해요

티처블 머신(Teachable Machine)은 인공지능 모델을 직접 만들면서 지도 학습을 체험할 수 있는 구글(Google)의 프로그램입니다.

개와 고양이 사진을 이용하여 인공지능의 지도 학습을 직접 체험해 봅시다.

❶ 인터넷에 '티처블 머신'을 검색한 후 접속합니다.

❷ '시작하기'를 클릭합니다.

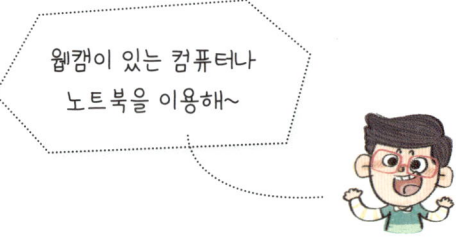

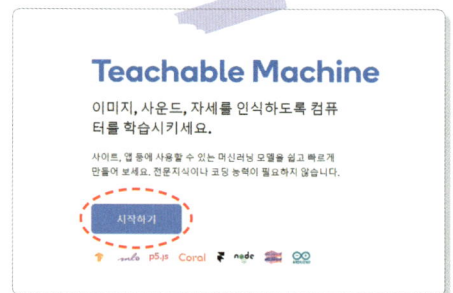

❸ '이미지 프로젝트'를 클릭한 후 '표준 이미지 모델'을 클릭합니다.

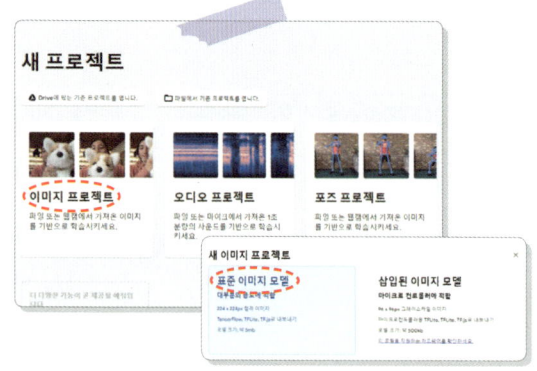

4 'Class 1'에는 강아지, 'Class 2'에는 고양이를 입력합니다.

5 '강아지'에서 '웹캠'을 클릭한 후 강아지 사진 10장을 촬영합니다.

▲ 177쪽의 활동 자료를 사용해요.

6 '고양이'에서 '웹캠'을 클릭한 후 고양이 사진 10장을 촬영합니다.

▲ 179쪽의 활동 자료를 사용해요.

7 '모델 학습시키기'를 클릭합니다.

8 새로운 강아지와 고양이 사진을 준비하여 학습 결과를 테스트해 봅니다.

인공지능은 어떻게 볼까요

사물 인식

- 수와 연산으로 이해해요 **3학년** 곱셈
- 규칙성으로 이해해요 **4학년** 규칙 찾기

사물 인식

자율 주행차란 운전자가 운전하지 않아도 스스로 도로를 따라 주행하거나 장애물을 보고 멈출 수 있는 자동차를 말합니다.

이런 놀라운 기술의 중심에는 인공지능이 있습니다. 자동차에 탑재된 인공지능은 사물을 인식하여 스스로 주행할지, 또는 멈출지 등의 판단을 합니다.

이 밖에도 생활 속에서 인공지능이 사물을 인식하는 사례를 쉽게 찾을 수 있습니다.

그럼 인공지능이 어떻게 **사물을 인식**하는지 알아볼까요?

생각해 봐요!

★ 인공지능은 어떻게 **사물을 인식**할까요?

★ 인공지능이 **사물을 인식**하는 데 필요한 정보는 무엇일까요?

사물 인식의 원리를 이해해 볼까요

 사람이 사물을 인식하는 방법과 인공지능이 사물을 인식하는 방법은 서로 다릅니다. 사물을 인식하는 방법이 어떻게 다른지 알아볼까요?

 사람은 **사물에 반사되는 빛 또는 사물에서 나오는 빛을 이용하여 사물을 인식**합니다.

 반면 인공지능은 사람과 같은 방법으로 사물을 인식하지 못합니다. 대신 **카메라, 레이저 센서와 같은 다양한 장치를 이용하여 사물을 디지털 정보로 바꾸어 인식**합니다.

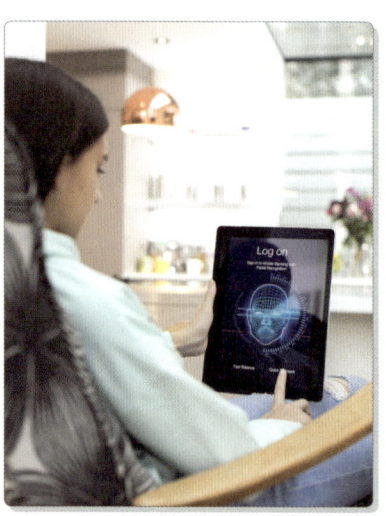

▲ 디지털 장치를 통한 안면 인식

인공지능이 사물을 인식하는 과정을 구체적으로 살펴볼까요?

인공지능은 다음과 같이 이미지 데이터를 쪼갠 후 각 부분을 계산합니다. 그리고 이전에 학습한 데이터와 비교하여 사물이 무엇인지 판단합니다.

이때 인공지능이 계산하는 **최소의 디지털 정보**를 **화소**라고 합니다. 이 화소를 영어로 **픽셀(pixel)**이라고 부르기도 합니다.

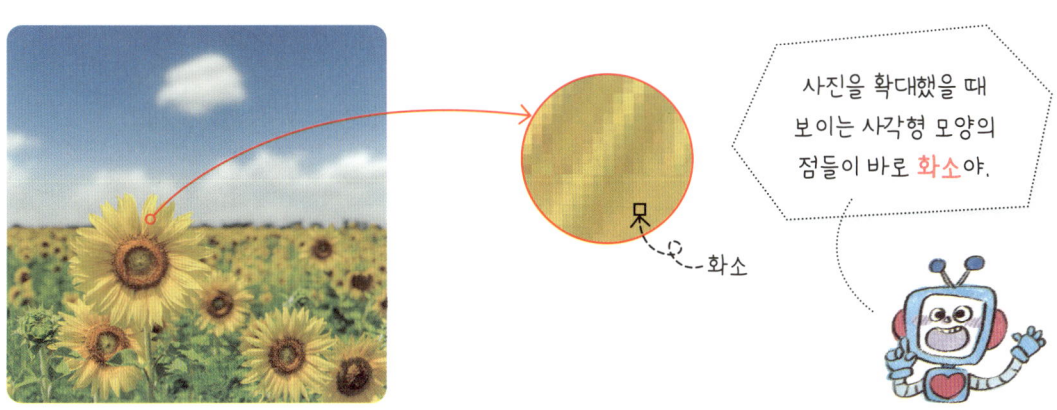

만약 1억 화소인 카메라로 사진을 찍는다면 찍은 사진을 표현하는 사각형 모양의 화소가 1억 개라는 뜻입니다.

그럼 인공지능은 화소를 어떻게 계산하여 사물을 인식할까요? 다음 이미지 데이터를 통해 알아봅시다.

다음은 22×18=396(화소)의 이미지 데이터입니다.

인공지능은 이미지 데이터를 보고 67쪽의 그림과 같이 바꾸어 인식합니다.

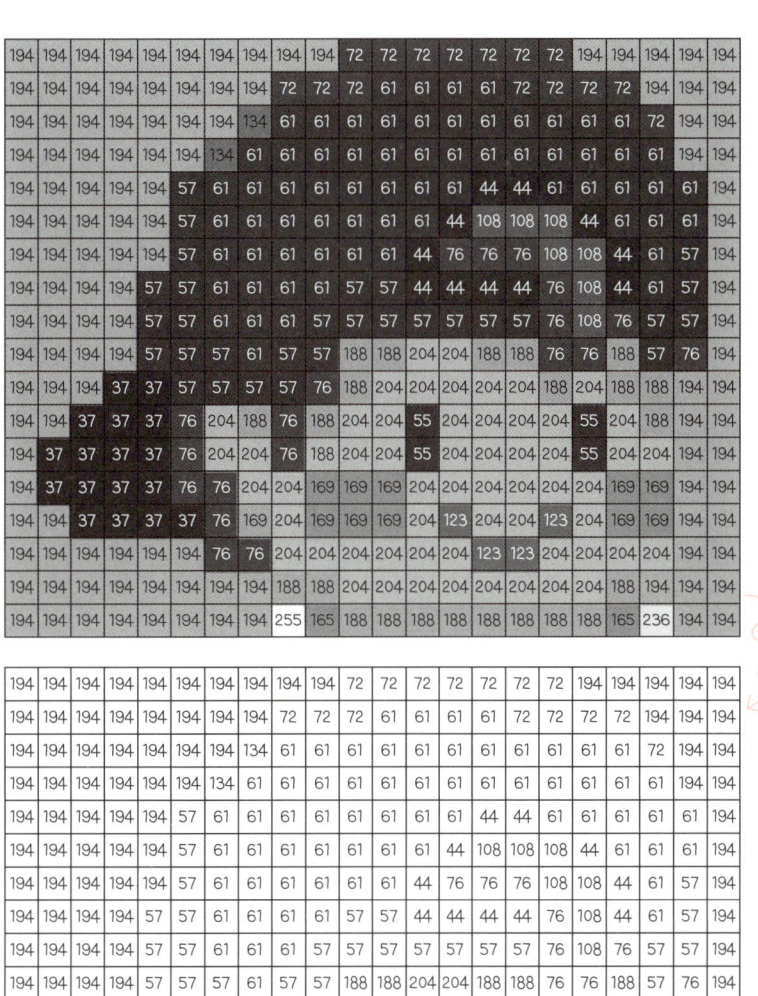

각 화소에 수가 쓰여 있네~

나는 이렇게 이미지를 수로 바꾸어 인식해!

위의 그림에서 각 화소에 수가 쓰여 있는 것을 발견할 수 있습니다. 그렇다면 이 수는 무엇을 의미할까요?

바로 색을 나타냅니다. 각 **화소의 색에 따라 수가 정해지는데 이 수를 화소값**이라고 합니다.

인공지능은 **이미지 데이터의 화소값을 계산하여 사물을 인식**합니다.

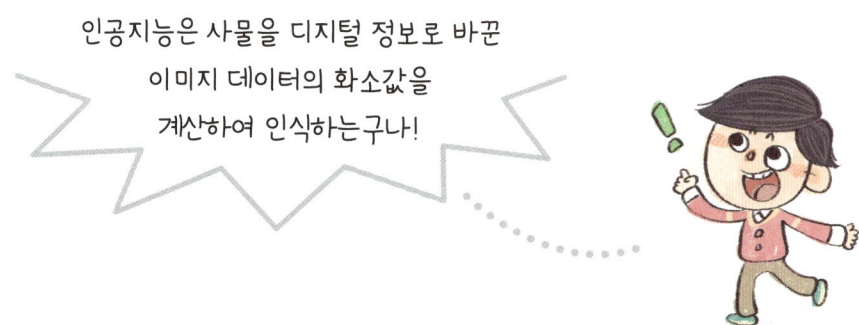

인공지능은 어떤 이미지 데이터를 정확하게 인식할까요

 인공지능이 사물을 정확하게 인식하기 위해서는 좋은 이미지 데이터가 필요합니다. 같은 이미지 데이터가 화소의 수에 따라 어떻게 달라지는지 알아봅시다.

 다음 이미지에서 전체 화소의 수는
(가로에 있는 화소의 수) × (세로에 있는 화소의 수)로 나타냅니다.

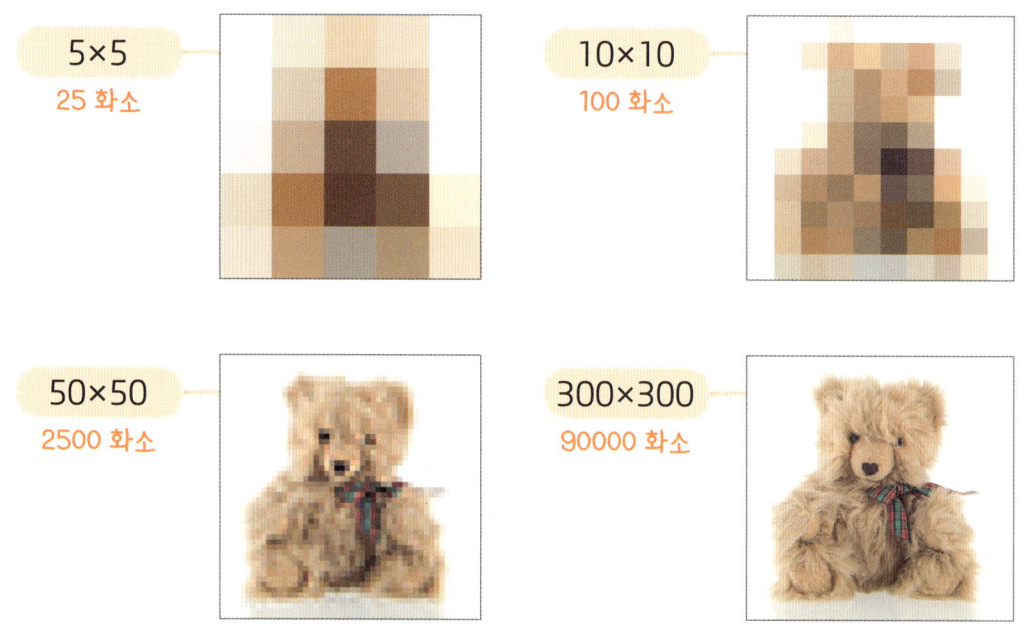

68

첫 번째 이미지에서 가로에 있는 화소는 5 화소, 세로에 있는 화소는 5 화소이므로 전체 화소의 수는 5×5=25 (화소)입니다.

하지만 25 화소의 이미지 데이터로는 어떤 사물인지 구별하기 어렵습니다.

100 화소, 2500 화소, 90000 화소의 이미지 데이터를 살펴보면 어떤가요?

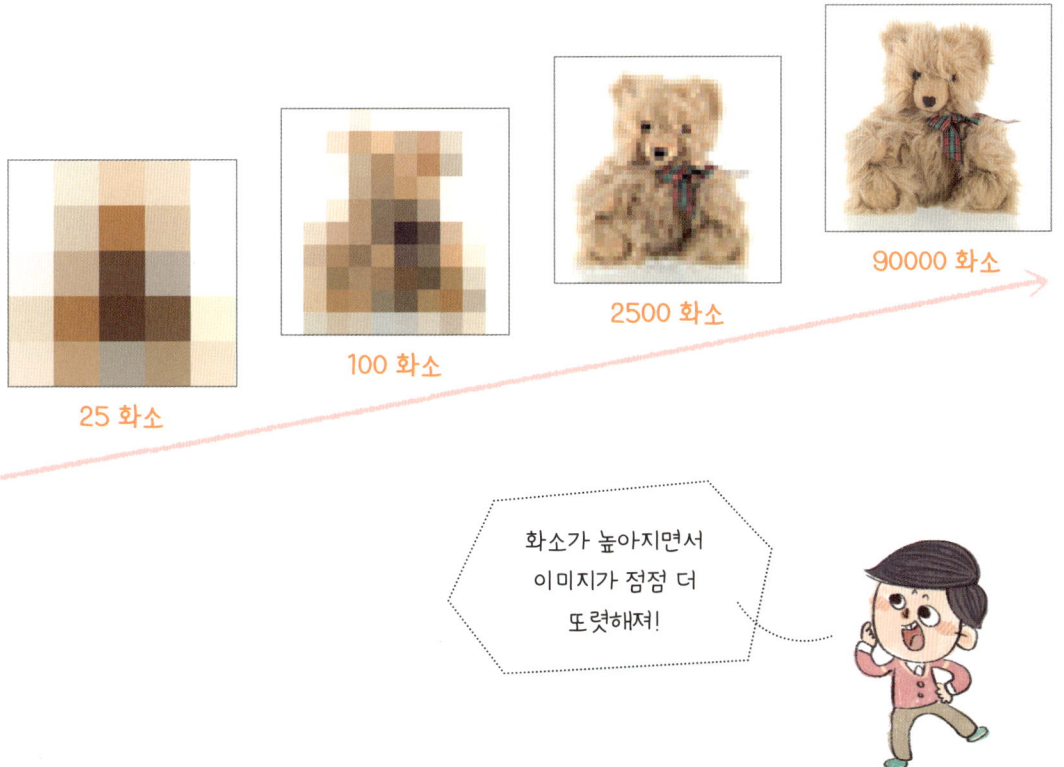

흔히 말하는 **고화질** 이미지라는 것은 그 이미지를 표현하고 있는 화소의 수가 많다는 것을 의미하며, '**해상도가 높다**'라고도 표현합니다.

인공지능이 사물을 정확하게 인식하기 위해서는 높은 화소의 이미지 데이터가 필요합니다.

* 해상도 텔레비전 화면, 컴퓨터의 디스플레이 따위의 표시의 선명도

'규칙 찾기'로 인공지능처럼 생각해 보아요

 인공지능은 이미지 데이터를 인식할 때 이미지를 화소값인 수로 바꾸어 인식합니다. 우리도 인공지능처럼 규칙에 따라 이미지를 수로 바꾸어 나타내어 봅시다.

 다음은 규칙에 따라 '나'를 수로 바꾼 것입니다. 어떤 규칙을 이용하여 수로 바꾸었는지 알아볼까요?

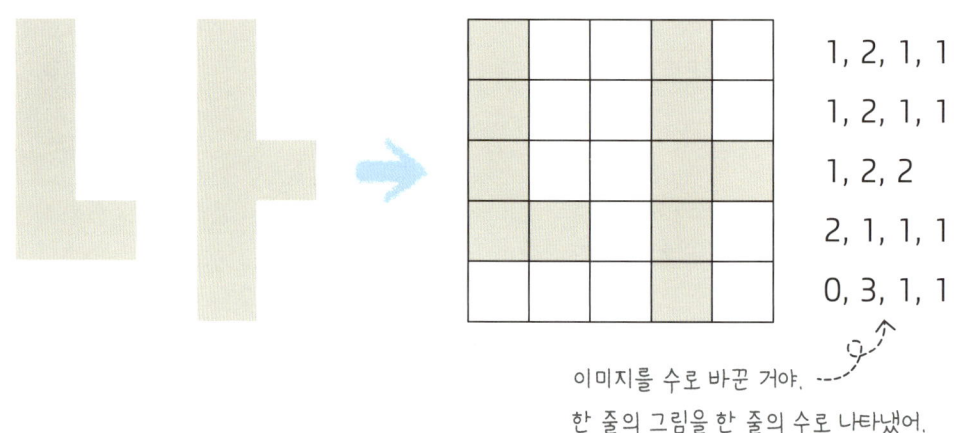

이미지를 수로 바꾼 거야.
한 줄의 그림을 한 줄의 수로 나타냈어.

 첫 번째 줄과 두 번째 줄부터 살펴봅시다. 왼쪽부터 차례대로 색칠된 칸 수와 색칠되지 않은 칸 수를 세어 보면 어떤 규칙인지 알 수 있습니다.

색칠된 칸 수와 색칠되지 않은 칸 수를 차례대로 쓰는 규칙이구나!

 그리고 세 번째 줄과 네 번째 줄을 살펴보면 같은 규칙을 이용하여 수로 바꾸었다는 것을 알 수 있습니다.

70

그런데 다섯 번째 줄에서 맨 앞의 0은 어떤 규칙에 따라 쓴 것일까요?

0, 3, 1, 1

다섯 번째 줄은 다른 줄과는 다르게 색칠되지 않은 칸부터 시작하기 때문에 이를 0을 써서 나타낸 것입니다.

사실 나는 색칠된 칸과 색칠되지 않은 칸을 바로 구분하지 못하고, 몇 칸씩 이어져 있는지만 알 수 있어.

그래서 맨 왼쪽 칸이 색칠되지 않은 경우에는 맨 앞에 '0'을 쓴 거야.

같은 규칙을 이용하여 ''를 수로 나타내어 보세요.

5
0, 4, 1
0, 4, 1
0, 2, 1, 2
5

인공지능! 이렇게 생각하면 쉬워요.

인공지능은 이미지 데이터를 수로 바꾸어 인식하는구나!

맞아. 어떤 이미지냐에 따라 여러 가지 방법을 이용하여 이미지 데이터를 수로 바꾸지.

교과서 속 인공지능

1 ③학년 곱셈

유진이는 인공지능에게 축구공을 학습시키기 위해 이미지 데이터를 준비하였습니다. 이미지의 가로와 세로에 있는 화소의 수는 다음과 같습니다. 물음에 답하세요.

가: 25 화소 × 25 화소
나: 100 화소 × 100 화소
다: 400 화소 × 400 화소

✿ 가, 나, 다 이미지는 각각 몇 화소인지 구해 보세요.

가 _____
나 _____
다 _____

✿ 인공지능에게 학습시키기에 가장 적절한 이미지의 기호를 쓰고, 그 이유를 써 보세요.

인공지능에게 학습시키기에 가장 적절한 이미지는 ☐ 입니다.
왜냐하면 _____

규칙 찾기

2

규칙에 따라 이미지를 수로 바꾼 것을 보고 이미지를 완성하려고 합니다. 물음에 답하세요.

0, 1, 2, 3, 2, 1
1, 2, 1, 1, 1, 2, 1
1, 3, 1, 3, 1
1, 7, 1
1, 7, 1
0, 1, 1, 5, 1, 1
0, 2, 1, 3, 1, 2
0, 3, 1, 1, 1, 3
0, 4, 1, 4

✿ 어떤 규칙을 이용하여 이미지를 수로 바꾸었는지 규칙을 찾아 써 보세요.

✿ 규칙에 따라 위의 이미지를 완성해 보세요.

72~73쪽 확인하기

1

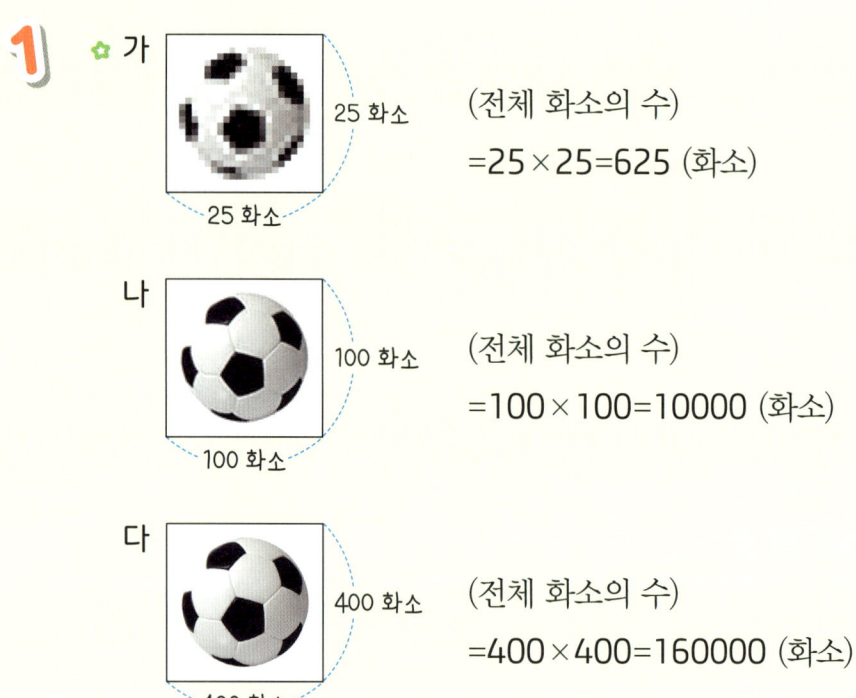

- 가: (전체 화소의 수) = 25×25 = 625 (화소)
- 나: (전체 화소의 수) = 100×100 = 10000 (화소)
- 다: (전체 화소의 수) = 400×400 = 160000 (화소)

✿ 인공지능에게 학습시키기에 가장 적절한 이미지는 **다**입니다.
왜냐하면 인공지능이 사물을 정확하게 인식하기 위해서는 높은 화소의 이미지 데이터가 필요하기 때문입니다.

> 인공지능은 학습하는 이미지 데이터의 화소가 높을수록 사물을 더 정확하게 인식할 수 있습니다.

2

✿ 색칠된 칸 수와 색칠되지 않은 칸 수를 비교하여 규칙을 찾습니다.
  • 두 번째, 세 번째 줄을 살펴보면 왼쪽부터 차례대로 색칠된 칸 수와 색칠되지 않은 칸 수를 세어 수로 바꾸었다는 것을 알 수 있습니다.
  • 첫 번째, 여섯 번째, 아홉 번째 줄을 살펴보면 맨 왼쪽 칸이 색칠된 경우와 색칠되지 않은 경우를 구분하기 위해 맨 앞에 '0'을 쓴 것을 알 수 있습니다.

✿ 규칙에 따라 이미지를 완성합니다.

0, 1, 2, 3, 2, 1
1, 2, 1, 1, 1, 2, 1
1, 3, 1, 3, 1
1, 7, 1
1, 7, 1
0, 1, 1, 5, 1, 1
0, 2, 1, 3, 1, 2
0, 3, 1, 1, 1, 3
0, 4, 1, 4

인공지능은 이미지 데이터를 수로 바꾸어 사물을 인식합니다.

타교과 및 생활 속 인공지능

⭐ 교통사고 사망의 원인 중 1위는 졸음운전이라고 합니다. 운전하면서 잠깐 조는 사이 달리는 속도 그대로 충돌하여 사망률이 일반 사고에 비해 2배 이상 높기 때문입니다. 그런데 졸음운전으로 인한 사고를 예방할 수 있는 인공지능 기술이 개발되었다고 합니다.

인공지능으로 졸음운전을 막을 수 있다!

앞으로 인공지능이 졸음운전으로 인한 사고를 예방해 줄 수 있을 것으로 보입니다. 인공지능 기술이 탑재된 '운전자 상태 경고(Driver State Warning)' 시스템 덕분입니다.

더불어 운전자의 졸음운전을 감지하면 자동차가 스스로 갓길에 정차하는 기술까지 더해져 앞으로 적극적으로 졸음운전을 막을 수 있는 기술이 될 것이라고 기대하고 있습니다.

와~ 졸음운전을 막을 수 있는 인공지능이 개발되어서 다행이야.

그러니까 말이야. 그런데 인공지능은 어떻게 졸음운전을 구별할 수 있는 걸까?

다음은 졸음운전을 하는 운전자의 모습입니다. 그림을 보고 물음에 답하세요.

1 위의 그림을 보고 인공지능은 무엇으로 졸음운전을 구별할지 써 보세요.

2 인공지능은 오른쪽과 같이 몸에 점을 찍고 선분으로 연결한 후 각도를 계산하여 운전자의 동작을 인식합니다. 졸음운전을 인식하기 위해 계산해야 하는 각도는 어디일지 모두 찾아 기호를 써 보세요.

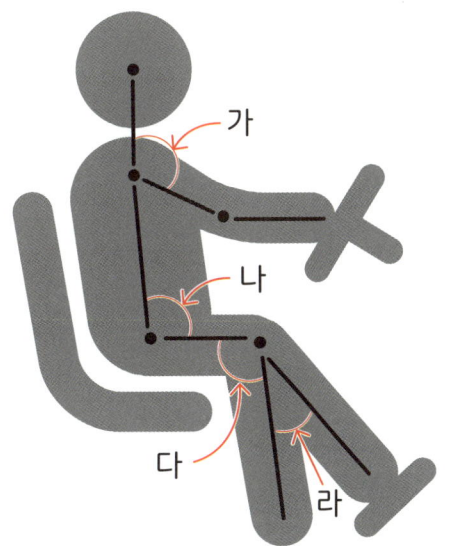

76~77쪽 확인하기

1 인공지능은 졸음운전을 무엇으로 구별할 수 있을까요? 주어진 그림을 살펴봅시다.

먼저 오른쪽 그림과 같이 인공지능은 카메라를 통해 운전자의 얼굴이 정면을 향하고 있는지 확인할 것입니다.

또 시선이 다른 곳으로 향하는지 인식하여 졸음운전을 구별할 수 있을 것입니다.

눈을 깜빡이는 횟수를 인식하여 졸음운전을 구별할 수 있겠죠?

고개의 각도를 인식하여 졸음운전을 구별할 것입니다.

그리고 안전벨트에 심장 박동기를 설치하여 심장 박동 수를 확인할 수 있을 것입니다.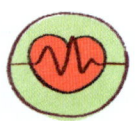

그런데 졸음운전을 구별할 때 왜 이렇게 많은 부분을 확인하는 것일까요? 왜냐하면 운전자의 눈동자나 얼굴의 움직임만으로는 졸음운전인지 정확하게 판단하기 어렵기 때문입니다. 운전 중에 눈을 잠시 찡그리거나 잠깐 고개를 아래로 숙일 수도 있을 것입니다. 그렇기 때문에 눈, 얼굴뿐만 아니라 졸음운전을 구별할 수 있는 다양한 데이터가 필요합니다.

2 동작 인식으로 졸음운전을 구별할 때 인공지능은 어떤 동작을 졸음운전으로 판단할까요?

조는 모습을 생각해 보면 쉽습니다. 졸음운전을 하면 고개와 허리가 아래로 숙여질 것입니다.

따라서 인공지능이 계산해야 하는 각도는 **가**와 **나**입니다.

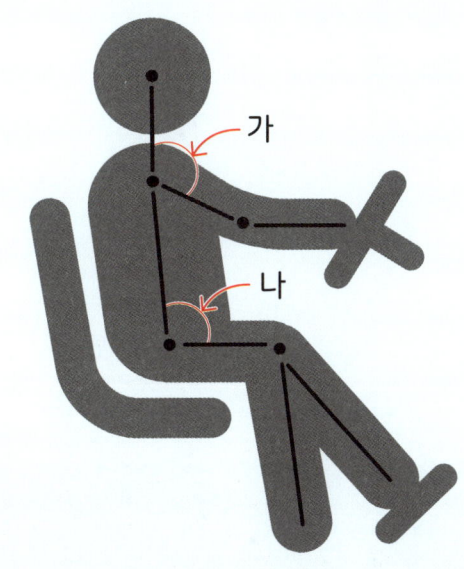

딥페이크 (deepfake)

인공지능의 이미지 인식 기술이 급격히 발달하면서 좋은 점도 많지만 부작용도 발생하고 있습니다. 그중 하나가 바로 **딥페이크(deepfake)**입니다.

딥페이크란 인공지능 기술로 사진이나 영상에 다른 이미지를 합성하여 새로운 사진이나 영상을 만들어 내는 기술입니다. 이에 따라 의도적으로 유명한 연예인, 정치인 등의 얼굴을 영상에 합성하여 전혀 하지 않은 언행을 마치 한 것처럼 가짜 뉴스를 만들어 내며 피해를 주고 있습니다. 또한 누구나 인공지능 기술을 조금만 알면 쉽게 딥페이크 자료를 만들 수 있으며, 전문 기술로도 가짜 자료임을 판단하기 어려워 그 심각성은 더욱 커지고 있습니다.

어떻게 이런 일이 가능할까요?

다음 그림을 보면서 인공지능의 얼굴 인식 기술을 살펴보면 쉽게 이해할 수 있을 것입니다.

인공지능은 사람의 얼굴에 가상의 점과 선분을 만듭니다. 우리가 흔히 다른 사람의 얼굴을 구별하는 특징들인 이마, 눈썹, 눈, 코, 입, 턱, 볼 등 주요 부위에 점들을 찍고 이를 선분으로 연결합니다. 이렇게 하면 닮은 얼굴이라도 눈 사이의 간격, 눈과 코의 간격, 입의 너비 등 미세한 차이로 사람을 구별할 수 있게 됩니다. 또 얼굴 근육의 움직임도 쉽게 파악할 수 있습니다.

하지만 만약 주요 점 중 몇 개를 1 mm 또는 그보다 작은 거리만큼 위치를 바꾸면 어떻게 될까요? 그러면 우리 눈으로 구별하기 어려우면서 컴퓨터만 알 수 있는 얼굴, 거의 똑같이 생겼지만 실제로는 다른 얼굴이 만들어지는 것입니다.

다행히 이러한 딥페이크를 구별하는 기술들이 계속 개발되고 있습니다. 딥페이크로 인한 피해가 더 이상 발생하지 않도록 우리도 관심을 기울여야 할 것입니다.

인공지능은 어떻게 학습할까요(2)

비지도 학습

- 도형으로 이해해요 **3** 학년 평면도형
  4 학년 삼각형 / 사각형

비지도 학습

주변에서 '맞춤형 서비스'라는 말을 보거나 들어 본 적이 있나요? 맞춤형 서비스란 개인의 환경에 맞추어 제공하는 서비스를 말합니다. 사람들은 성격, 취향 등이 서로 다른데 어떻게 이를 파악하고 맞춤형 서비스를 제공하는 것일까요?

바로 인공지능 덕분입니다. 인공지능이 우리의 성격, 취향 등을 파악하여 맞춤형 서비스를 제공하는 것입니다.

◀ 나를 위한 영상 추천
[출처: 넷플릭스]

나를 위한 상품 추천 ▶
[출처: 네이버 쇼핑]

그럼 인공지능은 어떻게 우리의 성격, 취향 등을 파악했을까요?

그 비결은 인공지능의 **비지도 학습**에 있습니다. 지금부터 인공지능의 학습 방법인 비지도 학습에 대해 알아보겠습니다.

생각해 봐요!

★ **비지도 학습**이란 무엇일까요?

★ **비지도 학습**이 잘 이루어지려면 어떻게 해야 할까요?

★ 지도 학습과 **비지도 학습**은 어떤 점이 다를까요?

비지도 학습이란 무엇일까요

우리가 영상 플랫폼을 사용하다 보면 다른 영상을 추천받기도 합니다.

이는 인공지능이 나의 취향을 파악하여 스스로 영상을 추천해 준 것입니다. 그렇다면 나에게 영상을 추천해 주기 위해 인공지능이 학습해야 하는 데이터에는 무엇이 있을까요?

먼저 나의 **성향**을 알아야 할 것입니다.

내가 어떤 영상을 얼마나 보았는지 **영상을 본 시간**을 알아야 합니다.

그리고 인공지능이 나에게 영상을 추천해 주었을 때 내가 **추천해 준 영상을 보았는지** 확인해야 합니다.

그런데 인공지능에게 지도 학습*으로 이 데이터들을 학습시킬 수 있을까요? 취향, 영상을 본 시간 등 복잡한 데이터를 처리해야 할 때는 인공지능에게 일일이 지도 학습으로 학습시키기 어렵습니다.

이런 경우에는 인공지능을 다른 방법으로 학습시켜야 합니다.

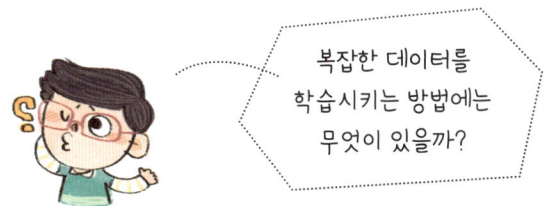

먼저 인공지능에게 여러 가지 데이터를 줍니다. 그러면 인공지능은 데이터의 특성을 파악하고, 비슷한 데이터끼리 모아 무리를 짓습니다. 이후 새로운 데이터를 주면 인공지능은 새로운 데이터의 특성을 파악하여 비슷한 특성이 많은 무리로 판단합니다.

이런 과정을 여러 번 반복하여 **무리 짓는 것을 해 가도록 인공지능을 학습**시킵니다. 이와 같은 학습 방법을 **비지도 학습**이라고 합니다.

* **지도 학습** 직접 인공지능에게 정답과 관련 있는 데이터를 학습시키는 방법(40쪽 참고)

그럼 인공지능이 어떻게 내 취향에 맞는 영상을 추천해 주었는지 살펴볼까요?

사람들이 자주 보거나 검색한 영상으로 사람들의 취향을 파악한 인공지능은 나와 취향이 비슷한 사람들끼리 모아 무리를 짓습니다. 이후 같은 무리에 있는 사람들이 본 영상을 내게 추천해 주는 것입니다.

즉, 비지도 학습으로 학습한 인공지능이 내 취향에 맞는 영상을 추천해 준 것입니다.

비지도 학습은 정답이 없는 데이터를 보고 비슷한 것끼리 모아 무리 지으면서 학습하는 방법이야.

'도형'으로 이해 쏘~옥!

4학년 때 배우는 '이등변삼각형', '정삼각형'으로 살펴봅시다.

비지도 학습으로 여러 가지 삼각형을 구분하는 짱봇을 만들려고 합니다. 하준이는 다음과 같이 다양한 삼각형 데이터를 준비했습니다. 짱봇이 비지도 학습으로 어떻게 학습하는지 살펴볼까요?

삼각형 데이터를 보여 주면 짱봇은 **삼각형의 특징을 파악**합니다.

그리고 짱봇에게 삼각형의 특징 중에서 문제를 해결하는 데 필요한 조건과 모으려는 무리의 수를 정해 줍니다.

삼각형을 변의 길이에 따라
2개의 무리로 모아 줘~

알았어~ 음… 계산 완료!
삼각형을 길이가 같은 변이 있는 것과
변의 길이가 모두 다른 것으로 모아 봤어.

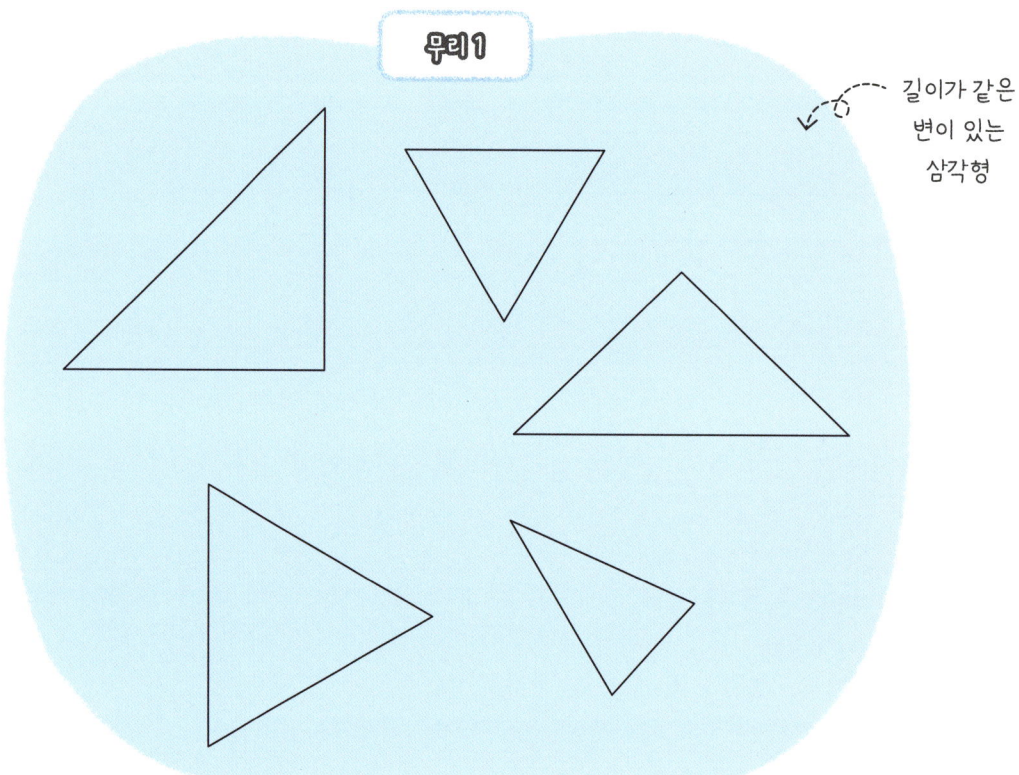

무리1

길이가 같은
변이 있는
삼각형

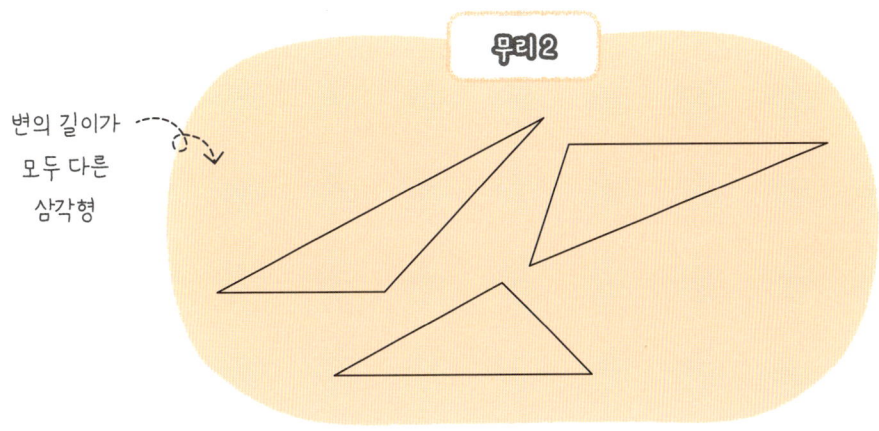

이제 짱봇으로 문제를 해결할 수 있는지 테스트해 봅니다.

이 삼각형은 무슨 삼각형이야?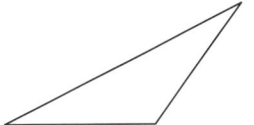

쉽네. 길이가 같은 변이 있는 삼각형이야~

틀린 것은 아니지만 이등변삼각형, 정삼각형과 같이
더 구체적으로 구분할 수 있는 인공지능을 만들고 싶어.

문제에 대해 원하는 답을 얻지 못한다면 어떻게 해야 할까요? 이런 경우 데이터의 다른 특징으로 조건을 바꾸거나 모으려는 무리의 수를 바꾸어 다시 학습시킵니다.

음… 이번에는 삼각형을 변의 길이에 따라
3개의 무리로 모아 줘~

계산 완료! 이번에는 이렇게 모아 봤어.
92쪽으로~~

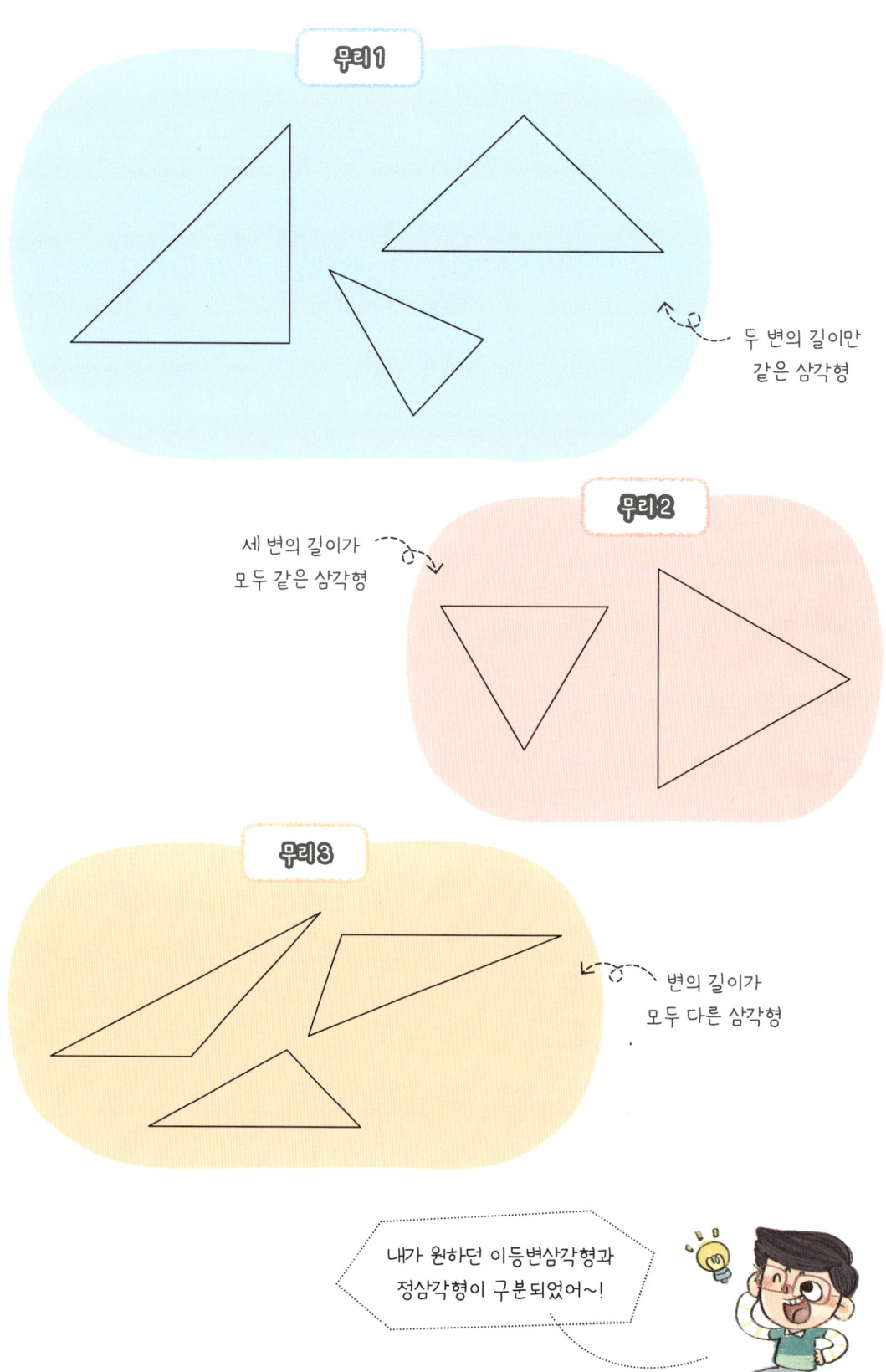

다시 짱봇으로 문제를 해결할 수 있는지 테스트해 봅니다.

 이번에는 과연…
이 삼각형은 무슨 삼각형이야?

두 변의 길이만 같은 삼각형이야.

 그럼 이 삼각형은?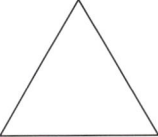

세 변의 길이가 모두 같은 삼각형이지.

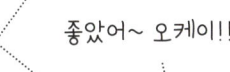 좋았어~ 오케이!!

이와 같이 문제를 해결하기 위해 **비지도 학습으로 조건이나 모으는 무리의 수를 바꿔 가며 다양한 시도를 통해 인공지능을 학습**시킬 수 있습니다.

인공지능! 이렇게 생각하면 쉬워요.

 인공지능이 조건과 무리의 수에 따라 데이터들을 무리 짓는 것이 **비지도 학습**이구나!

맞아! 비지도 학습으로 문제를 해결하기 위해서는 조건과 무리의 수를 알맞게 정해 주어야 해.

③ 학년 평면도형

⭐ 삼각형을 보고 물음에 답하세요.

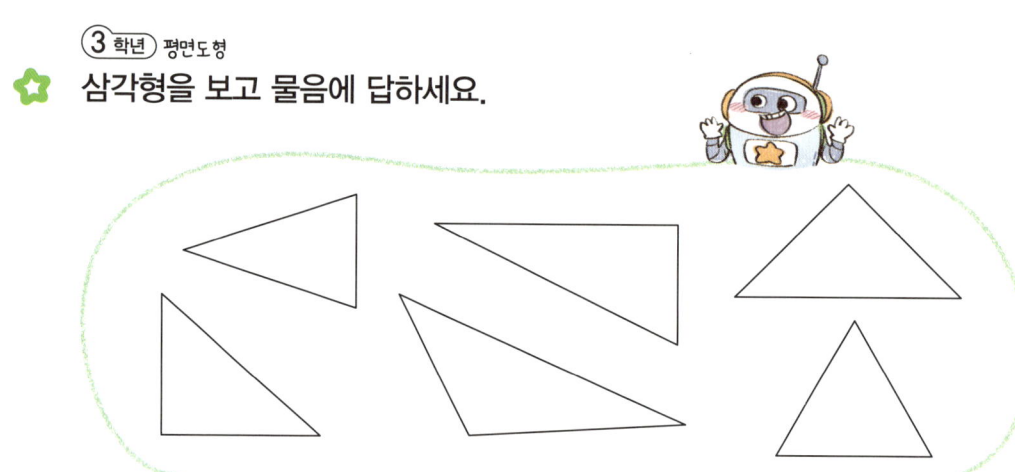

1 짱봇이 삼각형을 다음과 같이 2개의 무리로 모았습니다. **무리1**과 **무리2**의 삼각형을 살펴보고 어떻게 모은 것인지 설명해 보세요.

2 **무리2**에 있는 삼각형을 무엇이라고 부르면 좋을지 이름을 지어 보세요.

4학년 사각형

⭐ **사각형을 보고 물음에 답하세요.**

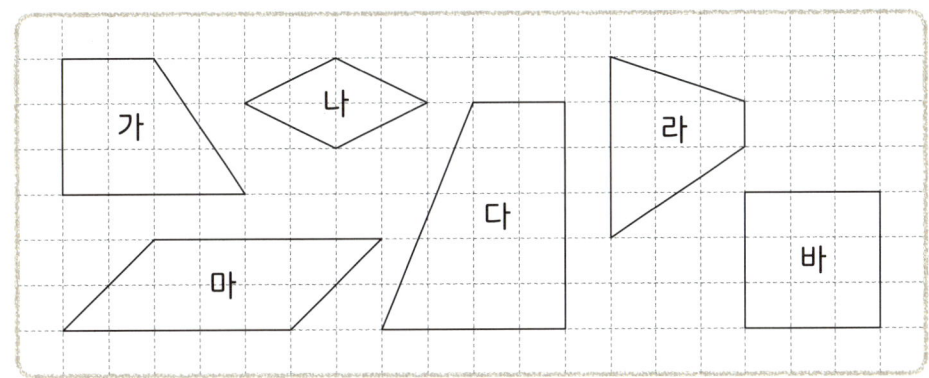

3 사각형에서 평행한 변의 수에 따라 2개의 무리로 모아 기호를 써 보세요.

4 사각형에서 변의 길이에 따라 2개의 무리로 모아 기호를 써 보세요.

무리1과 무리2에 있는 삼각형의 변과 각을 살펴봅니다.

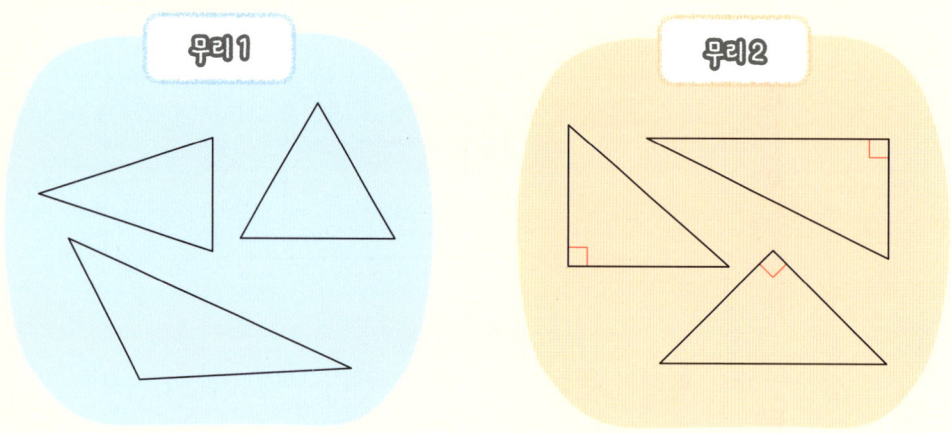

삼각형의 변을 살펴보면 위와 같이 2개의 무리로 나눌 수 있는 특징을 찾을 수 없습니다.

삼각형의 각을 살펴보면 무리1의 삼각형에는 직각이 없고, 무리2의 삼각형에는 직각이 있습니다.

따라서 직각이 없는 삼각형과 직각이 있는 삼각형으로 모았습니다.

 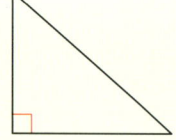 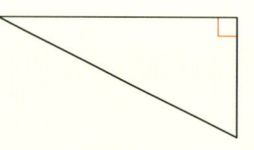 

한 각이 직각이므로 직각삼각형이라고 이름 짓습니다.

> 인공지능은 데이터가 가진 특징에 따라
> 여러 개의 무리로 모으면서 학습합니다.
> 이와 같은 학습 방법을 **비지도 학습**이라고 합니다.

3 평행한 변이 1쌍 있는 사각형, 평행한 변이 2쌍 있는 사각형이 있으므로 이 기준으로 사각형을 모아 봅니다.

- **무리1**: 평행한 변이 1쌍 있는 사각형

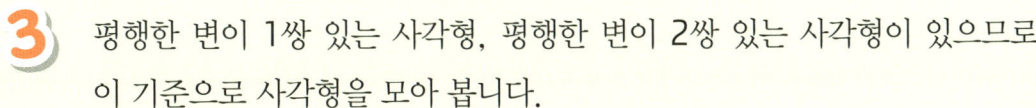

- **무리2**: 평행한 변이 2쌍 있는 사각형

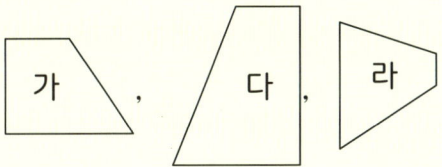

4 네 변의 길이가 모두 같지는 않은 사각형, 네 변의 길이가 모두 같은 사각형이 있으므로 이 기준으로 사각형을 모아 봅니다.

- **무리1**: 네 변의 길이가 모두 같지는 않은 사각형

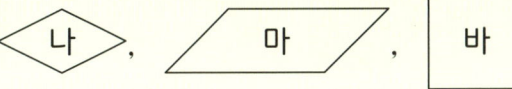

- **무리2**: 네 변의 길이가 모두 같은 사각형

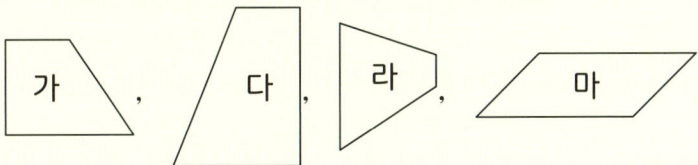

무리 2에 네 변의 길이가 모두 같은 마름모와 정사각형이 있어.

타교과 밑 생활 속 인공지능

⭐ 우리 주변에는 생김새만으로 구분하기 어려운 동물들이 있습니다. 코요테와 늑대도 그중 하나입니다. 하준이와 가인이는 코요테와 늑대를 구분하기 위해 짱봇에게 학습시킬 데이터를 모았습니다. 물음에 답하세요.

나는 동물들 사진과 몸길이의 데이터를 모았어.

나는 몸무게와 어깨 높이의 데이터를 모았어.

① 몸길이: 107 cm
몸무게: 20 kg
어깨 높이: 55 cm

② 몸길이: 116 cm
몸무게: 34 kg
어깨 높이: 68 cm

③ 몸길이: 108 cm
몸무게: 24 kg
어깨 높이: 56 cm

④ 몸길이: 117 cm
몸무게: 39 kg
어깨 높이: 69 cm

⑤ 몸길이: 119 cm
몸무게: 41 kg
어깨 높이: 70 cm

⑥ 몸길이: 120 cm
몸무게: 44 kg
어깨 높이: 71 cm

⑦ 몸길이: 110 cm
몸무게: 25 kg
어깨 높이: 58 cm

⑧ 몸길이: 121 cm
몸무게: 46 kg
어깨 높이: 72 cm

⑨ 몸길이: 123 cm
몸무게: 48 kg
어깨 높이: 73 cm

⑩ 몸길이: 111 cm
몸무게: 28 kg
어깨 높이: 59 cm

⑪ 몸길이: 113 cm
몸무게: 31 kg
어깨 높이: 60 cm

⑫ 몸길이: 124 cm
몸무게: 50 kg
어깨 높이: 75 cm

1 짱봇이 각각의 데이터들을 수직선에 나타내었습니다. 코요테와 늑대가 가장 잘 구분되는 데이터를 골라 기호를 써 보세요.

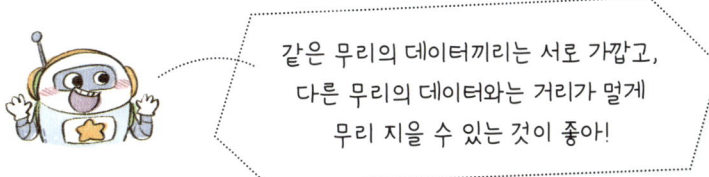

같은 무리의 데이터끼리는 서로 가깝고, 다른 무리의 데이터와는 거리가 멀게 무리 지을 수 있는 것이 좋아!

가: 몸길이

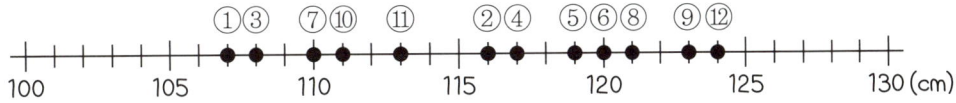

나: 몸무게

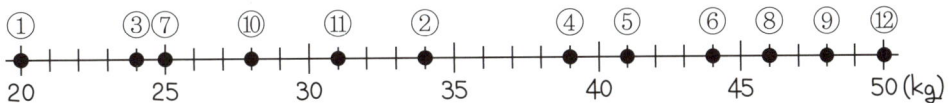

다: 어깨 높이

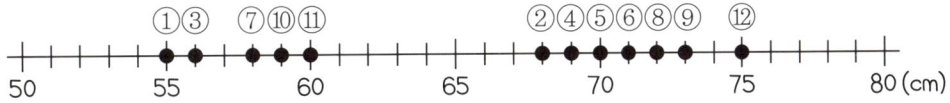

2 위 **1**에서 고른 수직선에 따라 코요테와 늑대의 번호를 써 보세요.

코요테	늑대
①,	②,

98~99쪽 확인하기

⭐ 비지도 학습으로 문제를 해결하려면 데이터들을 무리 짓기 좋을 것으로 예상되는 것을 기준으로 삼아야 합니다. 같은 무리의 데이터끼리는 서로 가까울수록, 다른 무리의 데이터와는 거리가 멀수록 무리를 잘 지은 것이며 비지도 학습이 잘 되었다고 할 수 있습니다.

같은 무리의 데이터끼리는 서로 가까울수록 좋아!

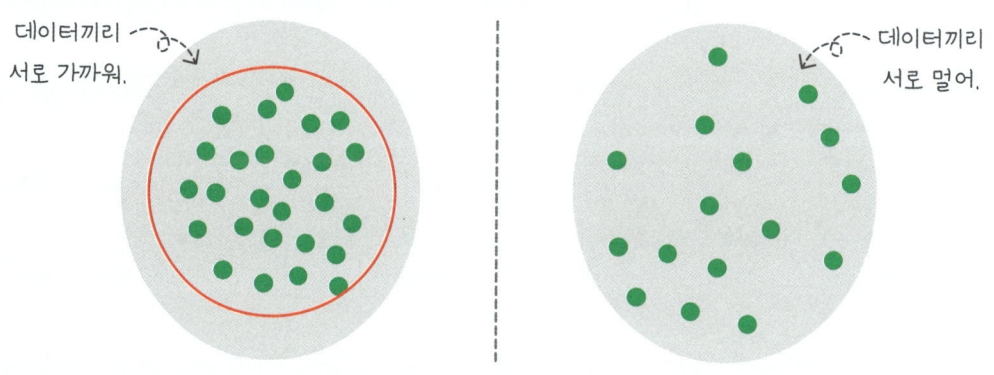

데이터 무리 사이의 거리는 멀수록 좋아!

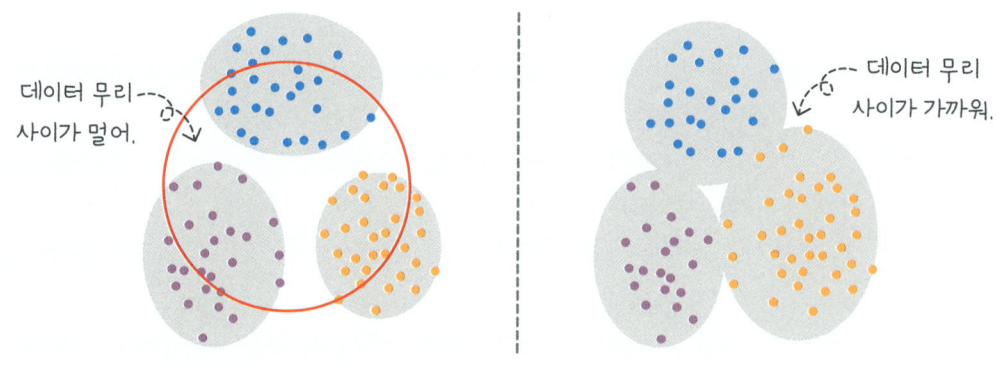

1. 코요테와 늑대를 구분하기 위해 수직선 위의 데이터들을 각각 2개의 묶음으로 묶습니다. 2개의 묶음으로 묶을 때 가까운 데이터들은 같은 묶음으로 묶고, 다른 묶음과의 거리는 멀도록 묶어 봅니다.

가: 몸길이

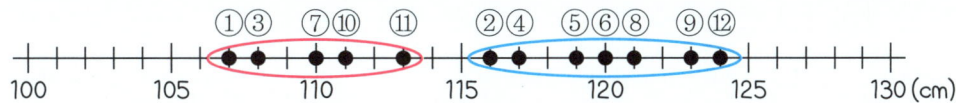

나: 몸무게

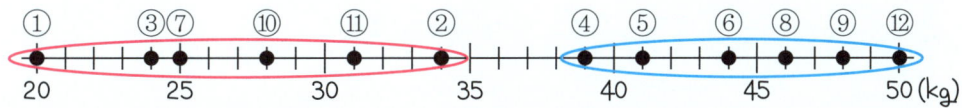

다: 어깨 높이

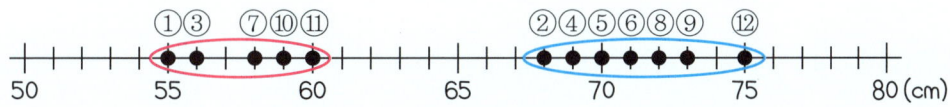

다는 가, 나에 비해 같은 묶음 안의 데이터끼리는 서로 더 가깝고, 두 묶음 사이의 거리는 더 멉니다.
따라서 코요테와 늑대가 가장 잘 구분되는 데이터는 다입니다.

2. 다에 따라 코요테와 늑대의 번호를 쓰면 다음과 같습니다.

코요테	늑대
①, ③, ⑦, ⑩, ⑪	②, ④, ⑤, ⑥, ⑧, ⑨, ⑫

빅 데이터 전문가를 알아볼까요

여러분, **빅 데이터**란 말을 들어본 적이 있나요?

빅 데이터란 기존의 방법으로는 수집, 저장, 분석 등을 하기 어려울 만큼 방대한 양의 데이터를 말합니다. 빅 데이터의 특징은 크게 3가지로 규모, 다양성, 속도를 말하며, 여기에 가치, 진실성, 가변성*을 포함시키기도 합니다. 빅 데이터는 인공 지능에서 보다 정확한 판단을 하기 위해 매우 중요합니다.

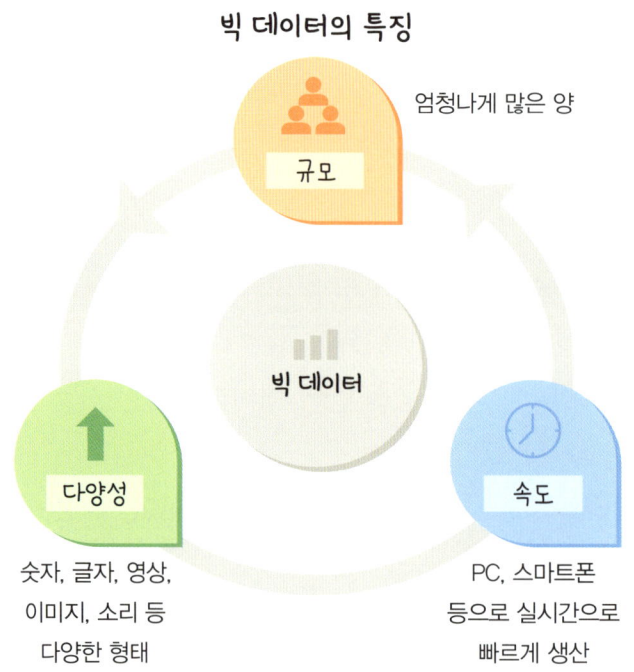

빅 데이터의 특징

- 규모: 엄청나게 많은 양
- 다양성: 숫자, 글자, 영상, 이미지, 소리 등 다양한 형태
- 속도: PC, 스마트폰 등으로 실시간으로 빠르게 생산

* **가변성** 일정한 조건에서 변할 수 있는 성질

예를 들어, 인터넷 쇼핑몰에서 구매를 하지 않더라도 방문자가 어떤 상품에 관심이 있는지, 얼마 동안 쇼핑몰에 머물렀는지 등이 모두 기록되면서 빅 데이터가 되는 것입니다.

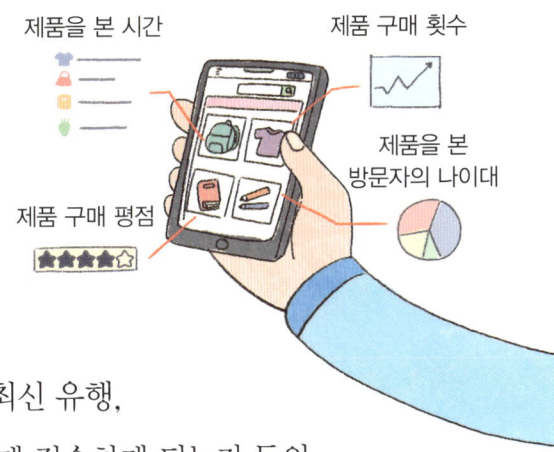

빅 데이터는 복잡하지만 이를 잘 분석하면 최신 유행, 고객들의 취향, 고객들이 해당 플랫폼에 어떻게 접속하게 되는지 등의 유용한 정보를 통해 큰 이익을 얻을 수 있습니다. 이에 따라 빅 데이터를 다루는 직업도 함께 중요해졌습니다.

이렇듯 사람들의 행동이나 시장의 변화 등을 분석하는 데 도움이 되는 정보를 제공하는 직업을 바로 **빅 데이터 전문가**라고 합니다.

빅 데이터 전문가는 금융, 유통, 제조, 서비스, 의료, 공공 분야 등 다양한 분야에서 활동할 수 있습니다.

빅 데이터 전문가가 되려면 어떻게 해야 할까요?

빅 데이터 전문가가 되려면 대학에서 관련 학과를 전공해야 하며 훈련 과정, 자격까지 갖추어야 합니다. 그뿐만 아니라 최신 기술과 경향도 파악하고 있어야 합니다.

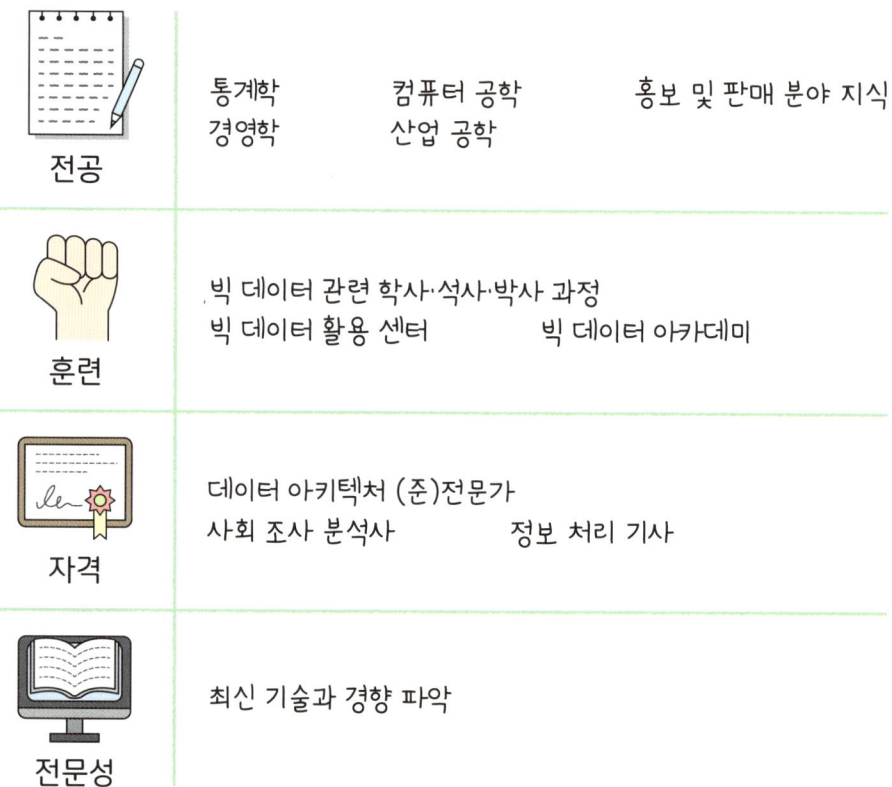

빅 데이터 전문가가 되려면 어떤 적성이 필요할까요?

오래 분석하고 꾸준히 연구하는 끈기, 문제를 다양한 관점으로 바라보고 개선하려는 창의력이 필요합니다.

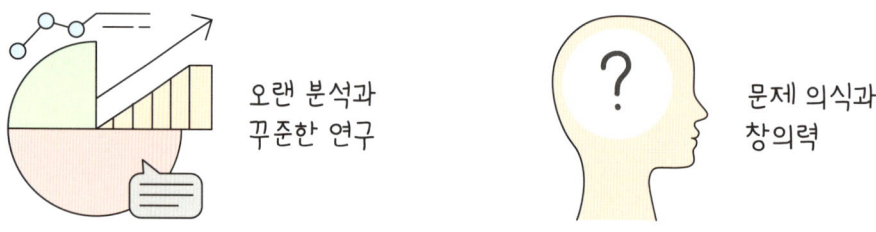

또한 많은 양의 데이터를 다루기 때문에 꼼꼼하게 탐구하는 것이 필요합니다. 새로운 현상과 여러 분야에 호기심을 느낀다면 빅 데이터 전문가에 어울리는 흥미를 가진 것입니다.

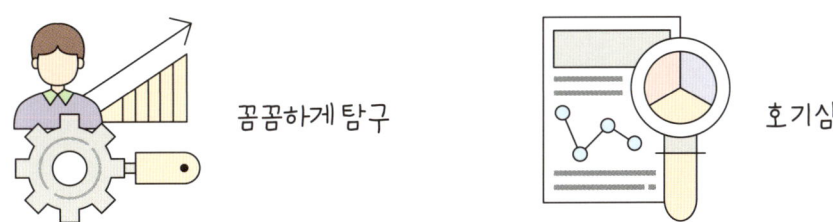

앞으로 우리 생활 곳곳에서 더 많이 필요해질 빅 데이터 전문가에 대해 관심을 가져 보는 것은 어떨까요?

인공지능은 어떻게 기능이 향상될까요

강화 학습

• 규칙성으로 이해해요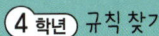

강화 학습

'알파고(AlphaGo)'를 들어 본 적이 있나요?

알파고는 구글 딥마인드(Google DeepMind)에서 개발한 인공지능 바둑 프로그램으로 2016년 바둑 대국에서 이세돌 9단을 4 대 1로 이겼습니다.

이 외에도 인공지능이 사람을 이긴 경우는 많습니다.

1997년 IBM에서 개발한 인공지능 체스 프로그램인 '딥 블루(Deep Blue)'는 당시 체스 세계 챔피언인 가리 카스파로프에 승리하였습니다. 그리고 2011년 IBM에서 개발한 대화형 인공지능 프로그램인 '왓슨(Watson)'은 미국의 TV 퀴즈쇼에 출연하여 퀴즈 챔피언을 꺾고 우승하였습니다. 이후 다양한 분야에서 인공지능이 사람보다 뛰어난 능력을 발휘하는 사례가 계속 늘어나고 있습니다.

인공지능이 뛰어난 실력을 가진 사람들을 어떻게 이길 수 있었을까요? 그 이유는 바로 **강화 학습**에 있습니다.

지금부터 인공지능의 학습 방법인 강화 학습에 대해 알아보겠습니다.

인공지능은 강화 학습으로 더 똑똑해져!

생각해 봐요!

★ **강화 학습**이란 무엇일까요?

★ **강화 학습**이 잘 이루어지려면 어떻게 해야 할까요?

강화 학습이란 무엇일까요

강화 학습이란 인공지능이 보상과 벌을 통해 시행착오를 겪으면서 스스로 학습하는 **방법**을 말합니다. 쉽게 설명하면 인공지능이 성공을 하면 보상을 받고, 실패를 하면 벌을 받으면서 학습하는 방법입니다.

그럼 깨봇이 자율 주행차를 주차하는 과정을 통해 강화 학습을 어떻게 하는지 살펴볼까요?

111쪽의 그림과 같이 가상 공간*에 실제 환경과 비슷한 주차장을 만든 후 깨봇이 자동차를 움직일 수 있게 합니다.

그리고 주차할 곳을 목적지로 정합니다.

운전자가 운전하지 않아도 스스로 도로를 따라 주행하거나 장애물을 보고 멈출 수 있는 자동차를 **자율 주행차**라고 해.

* **가상 공간** 컴퓨터에 의해 현실이 아닌 허상으로 만들어진 공간

▲ 가상 공간의 주차장

깨봇은 자동차를 움직이면서 목적지에 가까워지면 점수를 얻고, 장애물이나 다른 자동차에 부딪히면 점수를 잃습니다. 이때 점수를 얻는 것은 보상이고, 점수를 잃는 것은 벌입니다.

목적지에
가까워지면
득점!

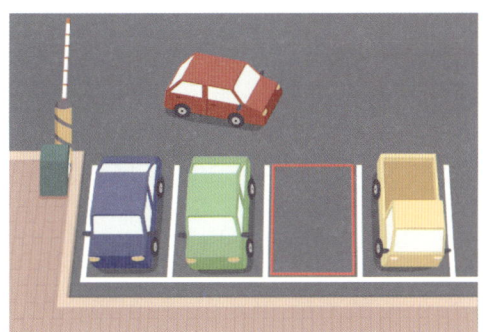 

장애물에
부딪히면
감점!

깨끗은 점수를 얻는 방향으로 학습합니다.

인공지능은 **이런 과정을 아주 많이 반복하면서 정확도가 향상**됩니다. 이렇게 학습하는 방법이 바로 강화 학습입니다. 강화 학습은 아무리 복잡한 문제라도 보상과 벌을 잘 정해 두면 인공지능이 시행착오를 겪으면서 스스로 학습한다는 장점이 있습니다.

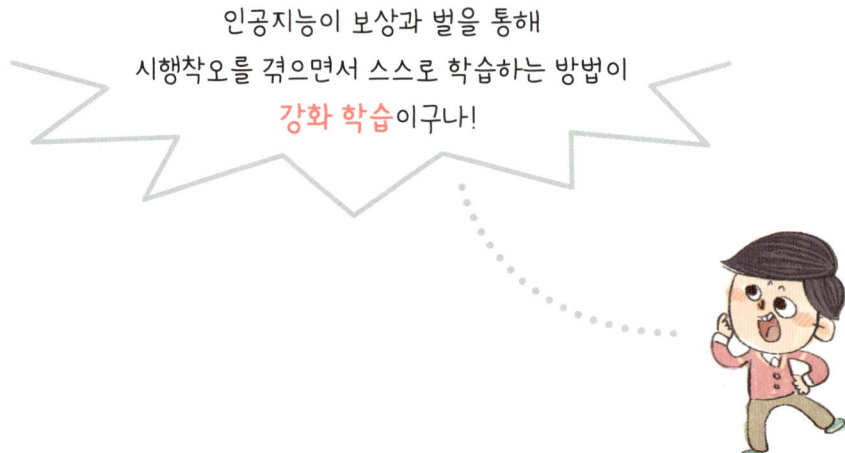

'규칙 찾기'로 이해 쏘~옥!

4학년 때 배우는 '규칙 찾기'로 살펴봅시다.

인공지능이 '숫자 야구 게임'을 하면서 어떻게 강화 학습을 하는지 알아봅시다. 숫자 야구 게임은 상대방이 생각한 세 자리 수를 맞히는 게임으로 다음과 같은 방법으로 진행합니다.

> **숫자 야구 게임**
>
> ① 문제를 내는 사람과 문제를 맞히는 사람을 정합니다.
> ② 문제를 내는 사람이 세 자리 수를 만듭니다. 이때 0부터 9까지의 숫자 중 세 숫자를 골라 한 번씩만 사용하여 세 자리 수를 만듭니다.
> ③ 문제를 맞히는 사람이 세 자리 수를 예상하여 말하면 문제를 내는 사람은 아래에 따라 단서를 줍니다.
>   • 숫자가 하나도 맞지 않는 경우: 아웃
>   • 숫자는 맞지만 자리는 맞지 않는 경우: 볼
>   • 숫자와 자리가 모두 맞는 경우: 스트라이크
>   • 세 자리 수를 맞힌 경우: 홈런
> ④ 문제를 맞히는 사람이 세 자리 수를 맞힐 때까지 ③의 과정을 반복합니다.

예를 들어 486을 맞힐 때 문제를 맞히는 사람이 135, 618, 146, 496, 486을 예상하여 말하면 문제를 내는 사람은 다음과 같이 단서를 줍니다.

135 → 아웃   618 → 2볼   146 → 1스트라이크 1볼
496 → 2스트라이크   486 → 홈런

깨봇이 숫자 야구 게임에서 세 자리 수를 어떻게 맞히는지 살펴봅시다.

재희가 세 자리 수로 469를 만들었습니다.

 내가 만든 세 자리 수를 맞혀 봐!

음… 연속된 세 숫자를 골라야지. 123?

 아웃! 다시 맞혀 봐.

하나도 못 맞혔네. 456으로 할게.

 1스트라이크 1볼.

4, 5, 6 중 1개는 숫자와 자리를 모두 맞혔고,
1개는 숫자만 맞혔네. 그럼 475?

 1스트라이크.

오히려 단서가 줄었어.
그렇다면 4와 6을 사용해서 468.

 2스트라이크.

정답을 맞히는 데 유리한 단서가 더 늘었구나! 좋았어!

깨봇은 처음에는 무작위로 세 자리 수를 예상하여 말한 후 재희가 말해 주는 단서에 따라 정답을 맞혀 갑니다. 이때 재희의 단서가 깨봇에게 주는 보상과 벌입니다. 즉, 정답을 맞히는 데 유리한 단서는 보상이고, 불리한 단서는 벌인 것입니다.

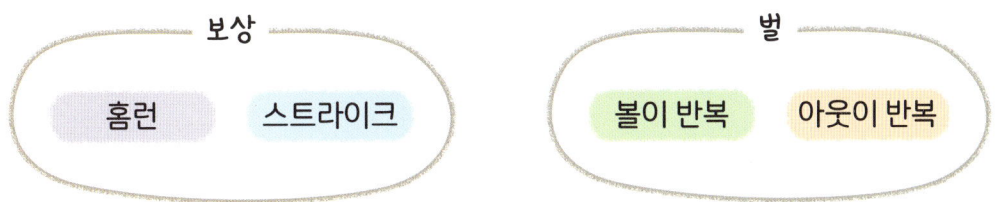

이처럼 깨봇은 재희가 말해 주는 단서를 통해 시행착오를 겪으면서 정답을 맞히는 과정을 학습합니다.

잠시 후 다섯 번째 시도

469!

홈런! 정답이야.

다섯 번 시도해서 세 자리 수를 맞혔네.
다음에는 더 적은 시도로 정답을 맞혀 보겠어!

깨봇이 정답을 맞히면 또 다른 문제를 냅니다. 그러면 깨봇은 이전 과정에서 받은 벌은 피하면서 더 많은 보상을 받기 위해 노력합니다.

깨봇은 더 적은 시도로 정답을 맞히기 위해 다른 방법을 이용합니다.

재희가 어떤 세 자리 수를 만들었습니다.

 내가 만든 세 자리 수를 맞혀 봐!

이번에는 연속된 세 숫자가 아닌 수를 골라야지. 246.

 3볼!

깨봇은 더 높은 보상을 받기 위해 2, 4, 6은 그대로 사용하고 자리만 바꾸어 세 자리 수를 맞혀 갑니다.

세 숫자는 맞혔으니까 자리만 바꾸어 보자.
264?

 1스트라이크 2볼.

다른 방법을 이용하니까 시도하는 횟수가 줄었어.
그럼  !

 홈런! 정답이야.

이번에는 세 번째 시도 만에 맞혔어. 최고 기록이야.
다음에도 이 방법이 통하는지 확인해 보자.

깨봇은 **강화 학습**으로 이런 과정을 아주 많이 반복하면서 높은 보상을 받는 방법을 스스로 학습합니다.

또한 강화 학습에서는 다양한 상황을 데이터로 제공할수록 더 우수한 성능의 인공지능이 만들어집니다.

예를 들어, 맞히는 시도의 횟수를 제한하거나 중복된 숫자를 사용하여 세 자리 수를 만들도록 조건을 바꿀 수 있습니다. 그리고 세 자리 수를 적은 시도로 쉽게 맞힌다면 네 자리 수를 맞혀 보게 하면서 점점 자릿수를 늘려 학습시키는 방법도 있습니다.

이와 같은 방법으로 다양한 상황 속에서 인공지능을 학습시키면 가장 효과적인 질문을 하면서 숫자 야구 게임을 잘하는 인공지능이 만들어질 것입니다.

인공지능! 이렇게 생각하면 쉬워요.

인공지능이 보상과 벌을 통해 스스로 학습하는 방법이 **강화 학습**이구나.

맞아. 인공지능은 많은 시도를 하면서 높은 보상을 받는 방법을 찾지. 그러면서 더 똑똑해져.

교과서 속 인공지능

4학년 규칙 찾기

⭐ 짱봇이 다음과 같이 숫자 야구 게임에서 세 자리 수를 맞혀 가며 강화 학습을 하였습니다. 물음에 답하세요.

시도	짱봇이 예상하여 말한 수	짱봇이 받은 단서	짱봇이 생각한 과정
첫 번째 시도	567	아웃	숫자를 하나도 못 맞혔구나.
두 번째 시도	421	㉠	4, 2, 1 중 1개는 숫자와 자리를 모두 맞혔고, 1개는 숫자만 맞혔어.
세 번째 시도	128	1스트라이크	1, 2, 8 중 1개만 숫자와 자리를 맞혔어.
네 번째 시도	429	1스트라이크 2볼	4, 2, 9 중 1개는 숫자와 자리를 모두 맞혔고, 2개는 숫자만 맞혔어.
다섯 번째 시도	㉡	홈런	

1 짱봇이 두 번째 시도에서 421이라고 말했을 때 ㉠에 알맞은 단서는 무엇인가요?

2 짱봇이 다섯 번째 시도에서 무슨 수를 말했는지 ㉡에 알맞은 수를 구해 보세요.

118쪽 확인하기

⭐ 숫자 야구 게임에서는 예상하여 말한 수에 따라 다음과 같이 단서를 줍니다.

- 숫자가 하나도 맞지 않는 경우: 아웃
- 숫자는 맞지만 자리는 맞지 않는 경우: 볼
- 숫자와 자리가 모두 맞는 경우: 스트라이크
- 세 자리 수를 맞힌 경우: 홈런

1 두 번째 시도에서 421이라고 말했을 때 4, 2, 1 중 1개는 숫자와 자리를 모두 맞혔고, 1개는 숫자만 맞혔다고 하였습니다. 숫자와 자리가 모두 맞는 경우는 스트라이크, 숫자는 맞지만 자리는 맞지 않는 경우는 볼이므로 ㉠에 알맞은 단서는 1스트라이크 1볼입니다.

2 두 번째 시도에서 421이라고 말했을 때는 1스트라이크 1볼, 세 번째 시도에서 128이라고 말했을 때는 1스트라이크라는 단서를 들었으므로 세 자리 수의 십의 자리 숫자는 2입니다.
네 번째 시도에서 429라고 말했을 때 1스트라이크 2볼이라는 단서를 들었습니다. 세 자리 수의 십의 자리 숫자는 2이므로 백의 자리 숫자는 9, 일의 자리 숫자는 4라는 것을 알 수 있습니다.
따라서 ㉡에 알맞은 수는 924입니다.

> 인공지능은 많은 시도를 통해 시행착오를 겪으면서 문제를 해결합니다. 이와 같이 보상을 더 많이 받는 방향으로 학습하는 것을 **강화 학습**이라고 합니다.

타 교과 및 생활 속 인공지능

⭐ 주변에서 배달 로봇을 본 적이 있나요? 배달 로봇은 장애물을 피해 물건을 도착 지점까지 안전하게 배달할 수 있습니다.

우아~ 주변에는 건물들이 많고 길도 복잡한데 어떻게 도착 지점을 알고 찾아가는 걸까?

바로 강화 학습 덕분입니다. 그럼 배달 로봇이 도착 지점까지 가는 방법을 어떻게 학습하는지 살펴볼까요?

로봇이 121쪽 그림과 같이 강화 학습을 하고 있습니다. 로봇은 벽이나 장애물에 부딪힐 때마다 벌점을 1점씩 받는다고 합니다. 로봇이 10000번째와

20000번째 시도에서 다음과 같이 움직이면서 벌점을 각각 8점, 3점 받았습니다. 물음에 답하세요. (단, 로봇은 같은 장소에서 학습하였으며, 점선으로 되어 있는 곳만 지나갈 수 있고 대각선 방향의 칸으로는 갈 수 없습니다.)

10000번째 시도: 벌점 8점

20000번째 시도: 벌점 3점

1 위에서 표시된 장애물 말고도 또 다른 장애물이 숨겨져 있습니다. ①~⑫ 중 장애물이 숨겨져 있는 칸을 모두 찾아 써 보세요.

2 **1**에서 찾은 장애물이 있는 칸을 ×로 표시하고, 로봇이 벽이나 장애물에 부딪히지 않고 도착 지점에 가장 빠르게 이동할 수 있도록 선을 그어 보세요.

120~121쪽 확인하기

⭐ 눈을 안대로 가리고 처음 가 보는 곳에 있다고 상상해 보세요. 이곳을 빠져나오려면 어떻게 해야 할까요? 아마 손을 뻗어 벽이나 장애물을 만져 보거나 때로는 부딪히기도 하면서 가도 괜찮은 길인지 확인할 것입니다.

강화 학습하는 인공지능도 마찬가지로 벽이나 장애물에 부딪히면서 가도 괜찮은 길인지 확인합니다. 이때 벽이나 장애물에 부딪혔을 때 받는 벌점은 벌이 됩니다. 인공지능은 많은 시도를 통해 벌점은 받지 않으면서 큰 보상을 받는 효율적인 길을 찾아 갑니다.

1 10000번째 시도에서 어떤 칸들은 지나가지 못하고 부딪혀 벌점을 받았으므로 로봇은 이 칸에 장애물이 있다는 것을 학습할 수 있습니다. 장애물이 있는 칸을 표시하면 다음과 같습니다.

장애물이 숨겨져 있는 칸은 ⑦입니다.

20000번째 시도에서도 어떤 칸들은 지나가지 못하고 부딪혀 벌점을 받았으므로 로봇은 이 칸에 장애물이 있다는 것을 학습할 수 있습니다. 장애물이 있는 칸을 표시하면 다음과 같습니다.

장애물이 숨겨져 있는 칸은 ⑤, ⑦입니다.

2 1에서 찾은 장애물을 ×로 표시한 후 가장 빠르게 이동할 수 있는 길을 찾아 봅니다.

인공지능 알파고를 이긴 새로운 강자

알파고는 이세돌 9단과의 대결 이후 중국의 바둑 기사이자 당시 세계 1위인 커제 9단과 3번 대결하여 모두 승리한 뒤 화려하게 은퇴했습니다.

알파고가 바둑 기사들을 상대로 승리할 수 있었던 것은 수많은 전문 바둑 기사들의 바둑판 상태를 학습한 후 자체 대결(Self-Play)을 통해 다양한 전략을 강화 학습으로 학습했기 때문입니다.

그런데 이런 알파고를 압도적으로 이긴 강자가 있다는 사실을 알고 있나요? 알파고를 이긴 강자는 또 다른 인공지능인 **알파고 제로**입니다.

기존 알파고와 알파고 제로

기존 알파고	구분	알파고 제로
사람이 둔 바둑 기보 수천만 건을 학습함	학습 방법	스스로 가상 바둑을 두며 학습함
수를 구하는 것과 승률을 계산하는 것을 분리함	인공 신경망	수를 구하는 동시에 승률을 계산함
이세돌과의 경기 전 7개월 동안 기보를 학습함	학습 시간	3일 동안 가상 바둑을 두며 학습하여 기존 알파고를 능가함

[자료: 네이처(Nature)*]

＊ **네이처(Nature)** 영국의 권위 있는 과학 저널

알파고 제로는 알파고와의 바둑 대결에서 100 대 0으로 완벽하게 승리했습니다. 어떻게 이런 일이 가능했을까요? 놀랍게도 이 또한 강화 학습 덕분입니다.

기존 알파고가 학습한 전문 바둑 기사의 기보는 완벽하지 않았으며, 특정 전략으로 치우치는 경우도 많았습니다. 하지만 알파고 제로는 바둑 기사의 기보 없이 바둑의 규칙과 바둑돌의 위치만으로 스스로 대결하며 학습했습니다. 더욱 놀라운 점은 알파고 제로가 백지 상태에서 최강자 수준까지 오르는 데 고작 48시간 남짓밖에 걸리지 않았다는 점입니다.

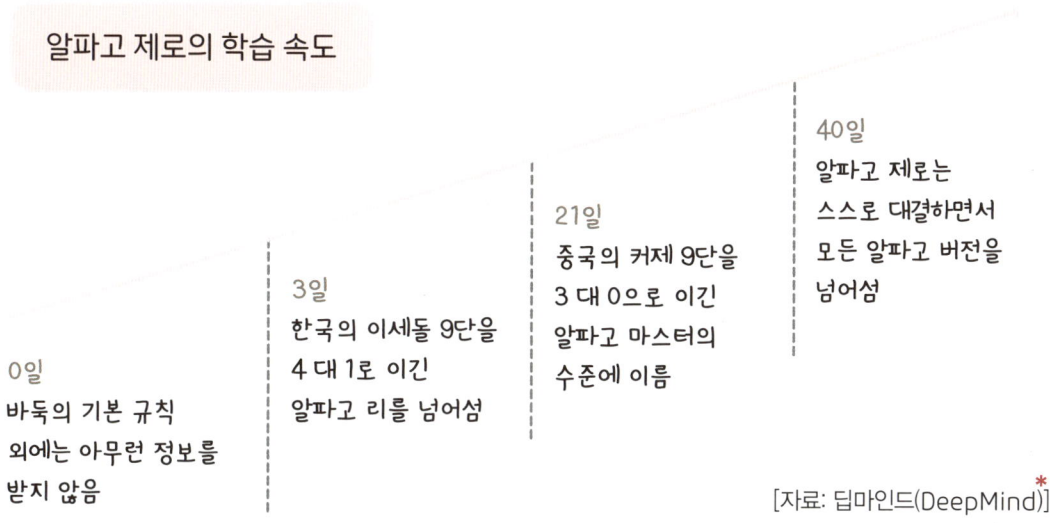

이렇듯 알파고 제로는 스스로 데이터를 만들면서 강화 학습을 했으며, 놀라운 성능을 자랑했습니다. 이제 강화 학습은 강력한 인공지능을 만드는 데 꼭 필요한 방법 중 하나가 되었습니다.

* 딥마인드(DeepMind) 인공지능 바둑 프로그램인 알파고를 개발한 회사

인공지능은 어떻게 예측할까요

선형회귀분석

• 자료와 가능성으로 이해해요 ③ 학년 자료의 정리
④ 학년 꺾은선그래프

선형회귀분석

 인공지능의 기술이 발전함에 따라 수집하여 활용할 수 있는 데이터의 종류와 양이 많아지고 있습니다. 이러한 데이터를 활용하여 다양한 연구가 이루어지고 있습

니다. 그중 어떤 인공지능은 학생들의 시선, 뇌파, 공부한 시간, 지난 점수 등 데이터들의 관계를 분석하여 학생들이 앞으로 받을 성적을 예측해 준다고 합니다.

인공지능이 성적을 어떻게 예측하는지 그 과정을 살펴볼까요?

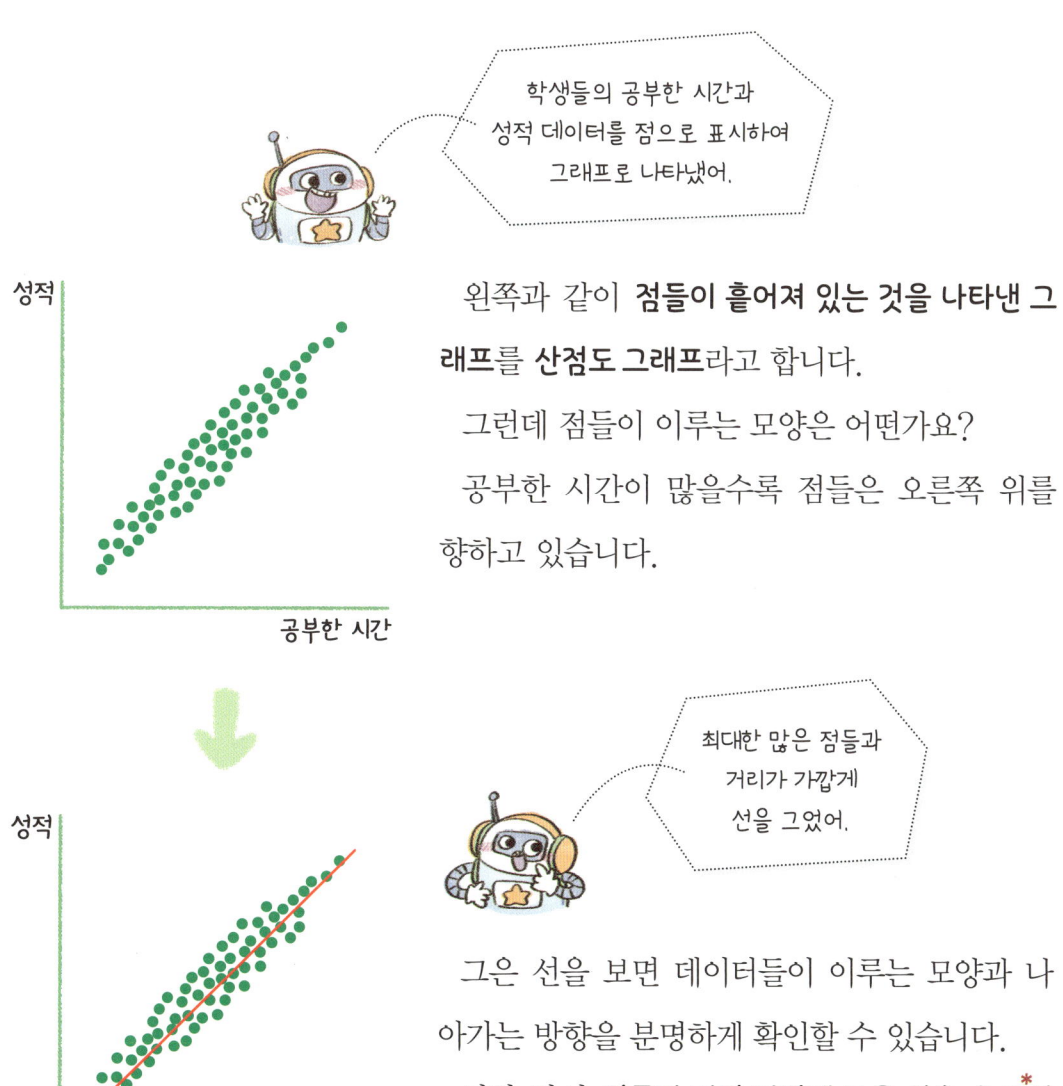

학생들의 공부한 시간과 성적 데이터를 점으로 표시하여 그래프로 나타냈어.

왼쪽과 같이 **점들이 흩어져 있는 것을 나타낸 그래프를 산점도 그래프**라고 합니다.

그런데 점들이 이루는 모양은 어떤가요?

공부한 시간이 많을수록 점들은 오른쪽 위를 향하고 있습니다.

최대한 많은 점들과 거리가 가깝게 선을 그었어.

그은 선을 보면 데이터들이 이루는 모양과 나아가는 방향을 분명하게 확인할 수 있습니다.

이와 같이 **점들과 가장 가깝게 그은 선을 추세선***이라고 합니다.

* **추세** 어떤 현상이 일정한 방향으로 나아가는 경향

산점도 그래프와 추세선을 보면 학생들의 공부한 시간이 많을수록 성적도 높아질 것이라고 예측할 수 있습니다.

인공지능은 이와 같은 방법으로 **데이터들의 관계를 계산하여 미래를 예측**합니다. 이 방법을 **회귀분석**이라고 합니다.

한편 추세선은 여러 가지 모양으로 그을 수 있는데 다음과 같이 **직선 모양의 추세선을 그어 추세를 예측하는 방법**을 **선형회귀분석***이라고 합니다.

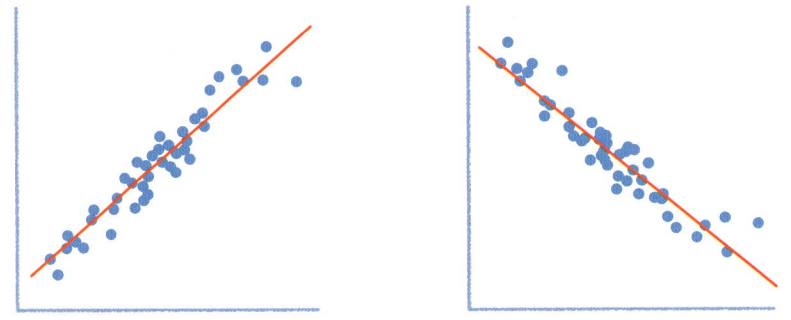

인공지능이 선형회귀분석을 통해 추세를 어떻게 예측하는지 알아봅시다.

생각해 봐요!

★ **산점도 그래프**는 어떻게 나타낼까요?

★ **추세선**은 어떻게 나타낼까요?

★ **선형회귀분석**을 통해 추세를 어떻게 예측할 수 있을까요?

* **선형** 선처럼 가늘고 긴 모양

선형회귀분석을 이해해 볼까요

가인이는 모둠 학생들의 공부한 시간과 수학 시험 점수를 조사하였습니다.

유진: 4시간 공부해서 90점을 받았어.
하준: 나는 2시간 공부해서 70점을 받았어.
민우: 6시간 공부해서 80점을 받았지.
재희: 5시간 공부하고 75점을 받았어.
가인: 난 8시간 공부하고 95점!
유미: 나는 3시간 공부해서 75점을 받았어.

짱봇이 선형회귀분석으로 공부한 시간과 수학 시험 점수의 관계를 어떻게 파악하는지 살펴봅시다.

선형회귀분석으로 예측해 줄 게~

❶ 먼저 학생들의 공부한 시간과 시험 점수 데이터를 알아보기 쉽게 표로 나타냅니다.

공부한 시간과 시험 점수

이름	재희	유진	하준	가인	민우	유미
공부한 시간 (시간)	4	5	2	8	6	3
시험 점수 (점)	90	75	70	95	80	75

❷ 표를 보고 가로는 공부한 시간, 세로는 시험 점수로 하여 산점도 그래프로 나타냅니다. 산점도 그래프로 나타낼 때는 데이터를 보고 가로와 세로에 맞게 점을 찍어 나타냅니다.

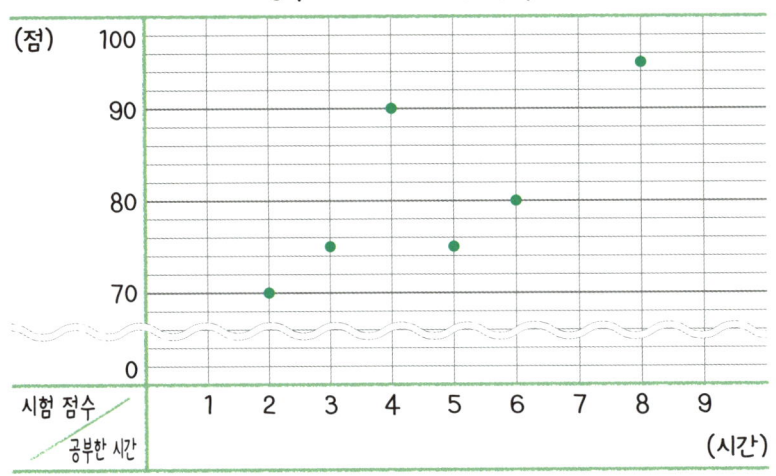

가장 낮은 점수가 70점이니까 70점 아래는 물결선으로 생략해도 되겠어~

❸ 공부한 시간과 시험 점수의 관계를 더 분명하게 확인하기 위해 추세선을 긋습니다. 이 때 추세선은 최대한 많은 점을 지나면서 다른 점들과 가깝게 직선 모양으로 긋습니다.

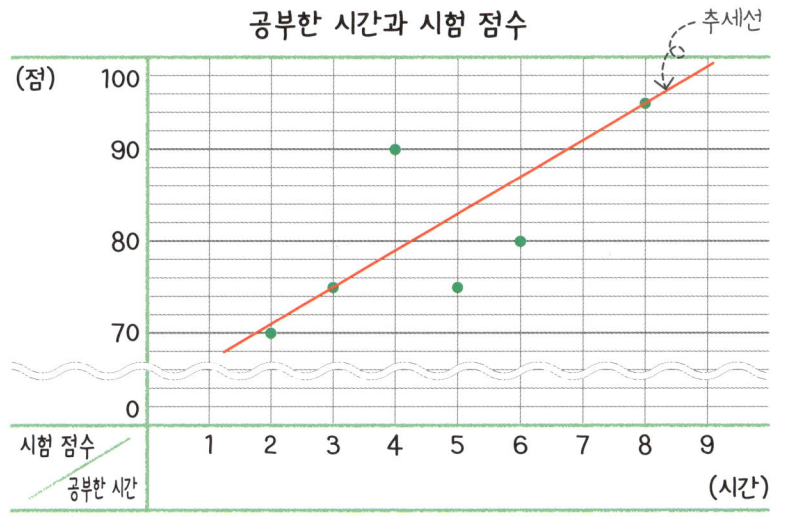

추세선을 이렇게 그으면 안 돼~!

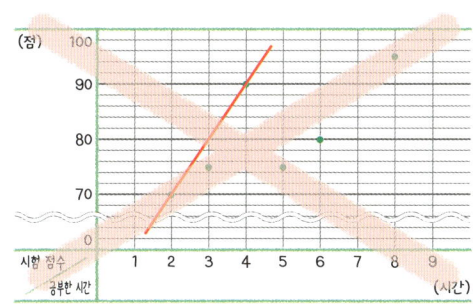
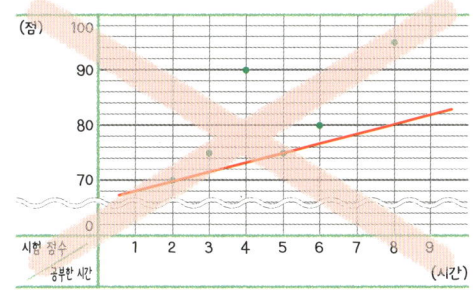

추세선은 최대한 많은 점을 지나면서 다른 점들과 가깝게 그어야 해!

❹ 추세선을 보고 선형회귀분석을 해 봅니다.

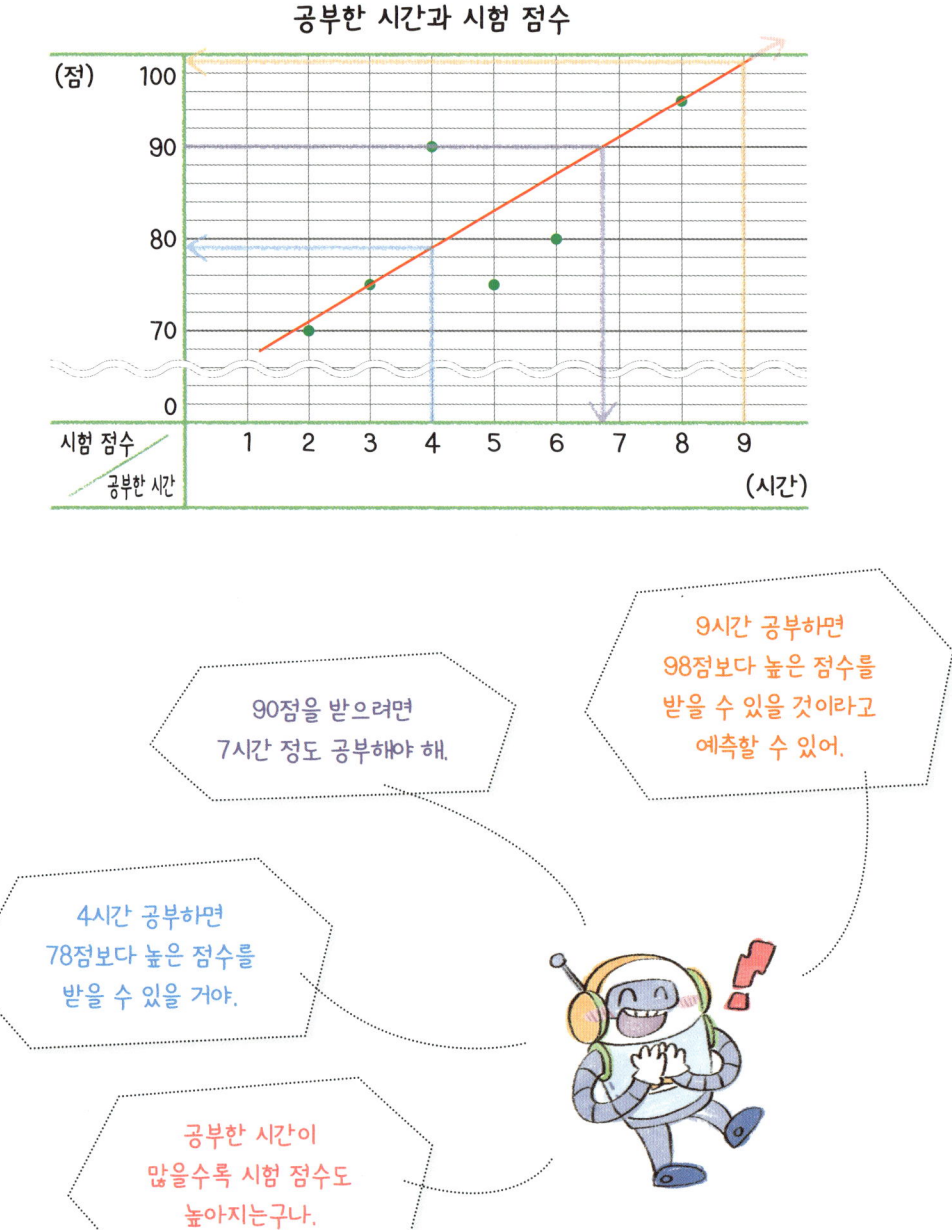

짱봇은 **선형회귀분석**을 통해 데이터들의 관계를 분석할 뿐만 아니라 미래의 데이터도 **예측**할 수 있습니다.

이러한 회귀분석은 미처 몰랐던 데이터들의 관계를 찾아내는 데 매우 유용합니다. 앞에서 소개한 중국의 어느 학교 사례와 같이 학생들의 성적과 관련 있는 데이터를 찾기 위해 회귀분석을 이용할 수 있습니다. 인공지능 헤어밴드로 수집한 학생들의 시선, 뇌파, 공부한 시간, 지난 점수 등 다양한 데이터를 회귀분석하여 성적과 관련 있는 데이터를 찾은 것입니다.

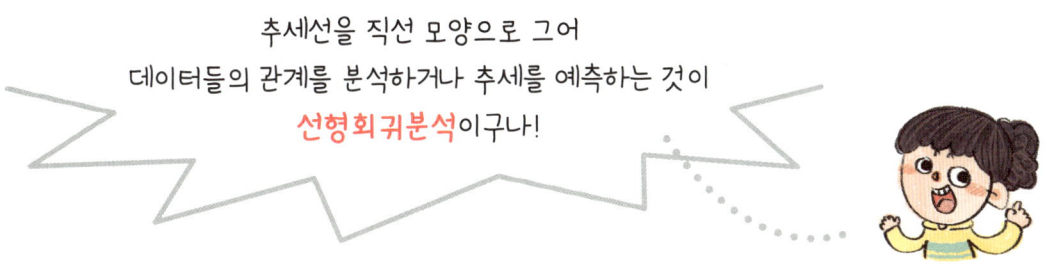

추세선을 직선 모양으로 그어 데이터들의 관계를 분석하거나 추세를 예측하는 것이 **선형회귀분석**이구나!

'꺾은선그래프'로 이해 쏙~옥!

4학년 때 배우는 '꺾은선그래프'로 살펴봅시다.

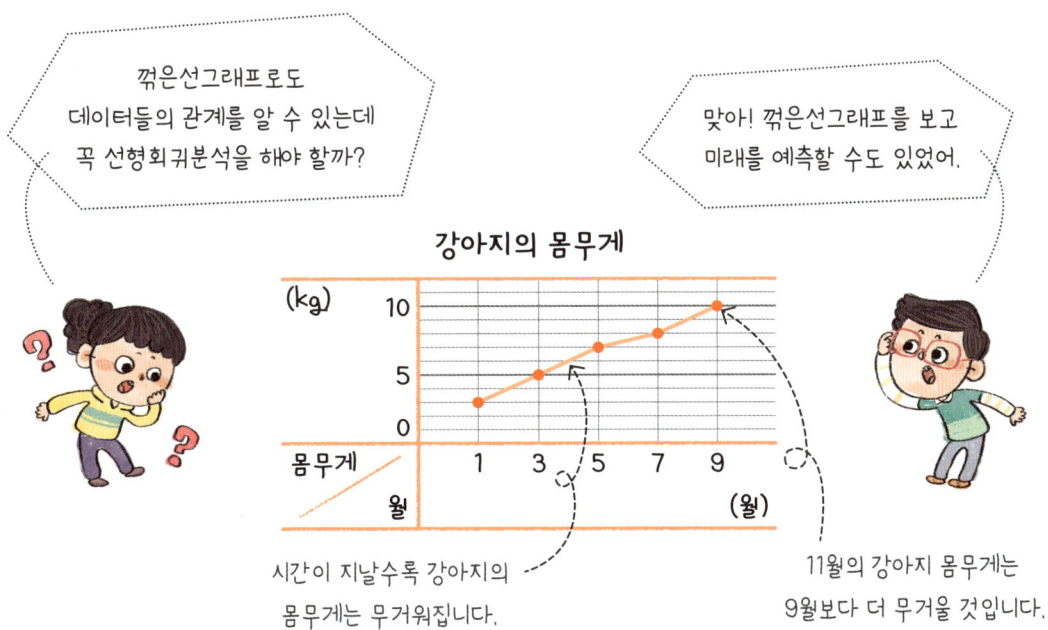

꺾은선그래프로도 데이터들의 관계를 알 수 있는데 꼭 선형회귀분석을 해야 할까?

맞아! 꺾은선그래프를 보고 미래를 예측할 수도 있었어.

강아지의 몸무게

시간이 지날수록 강아지의 몸무게는 무거워집니다.

11월의 강아지 몸무게는 9월보다 더 무거울 것입니다.

꺾은선그래프로 시간의 변화에 따른 데이터들의 관계를 분석하고 미래의 데이터를 예측할 수 있지만, 그렇지 못한 경우도 있습니다.

다음 월별 강수량을 나타낸 꺾은선그래프를 살펴봅시다. 꺾은선그래프를 보고 무엇을 알 수 있나요?

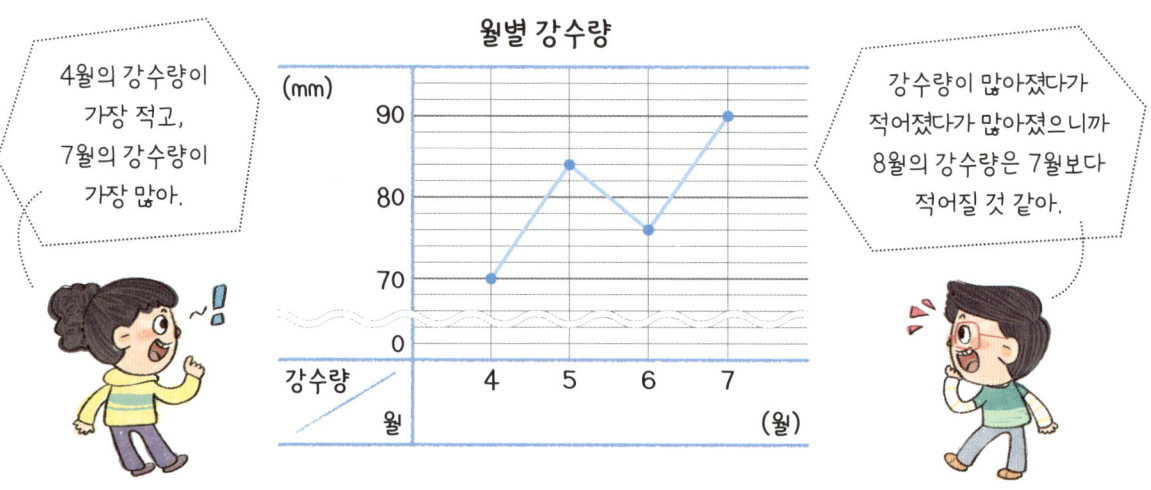

실제 8월의 강수량은 어떻게 변하였는지 다음 그래프를 살펴볼까요?

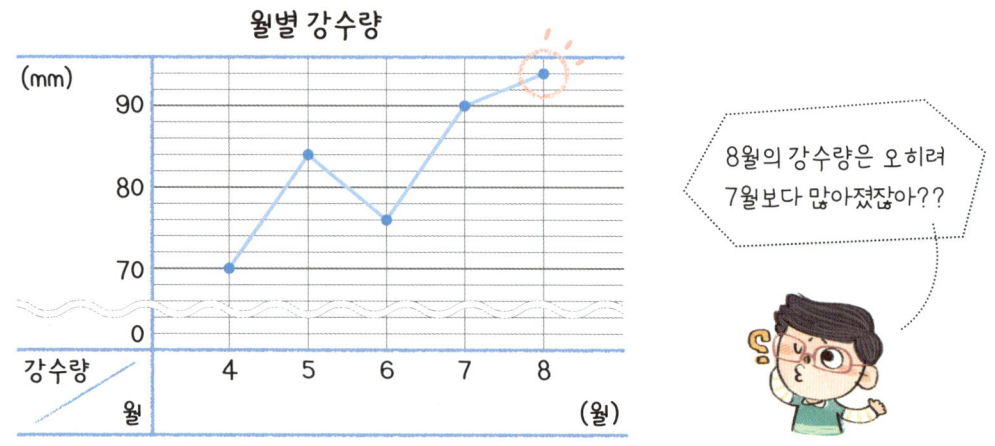

이와 같이 짧은 기간의 데이터로 나타낸 꺾은선그래프로는 미래를 예측하는 데 어려움이 있습니다.

그럼 선형회귀분석을 통해 이 그래프를 분석해 보면 어떨까요? 다음 그래프에 추세선을 그어 보세요.

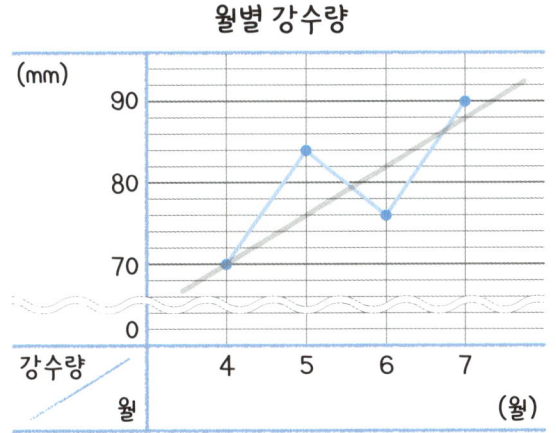

꺾은선그래프의 점을 산점도 그래프라고 생각하고 추세선을 그어 보자.

추세선과 8월의 강수량을 비교해 보면 어떤가요? 추세선은 8월의 강수량이 많아질 것으로 잘 예상했음을 알 수 있습니다. 꺾은선그래프로 분석하기 어려운 데이터의 경우 선형회귀분석을 이용하면 데이터들의 관계를 파악하고 미래를 쉽게 예측할 수 있습니다.

하지만 9월 이후의 강수량과 같이 더 먼 미래를 예측하려면 4, 5, 6, 7월의 강수량 데이터만으로는 부족합니다. **선형회귀분석은 데이터가 많을수록, 그리고 데이터의 수집 기간이 길수록 미래를 더 정확하게 예측할 수 있기 때문입니다.**

인공지능! 이렇게 생각하면 쉬워요.

많은 데이터들의 관계를 직선 모양의 추세선으로 나타내어 분석하는 방법을 **선형회귀분석**이라고 하는구나.

맞아. 그리고 선형회귀분석은 데이터가 많을수록 미래를 더 정확하게 예측할 수 있어.

4학년 꺾은선그래프

다음은 하준이네 마을의 월별 자전거 수를 조사하여 나타낸 표와 꺾은선그래프입니다. 물음에 답하세요.

월별 자전거 수

월	1	2	3	4	5	6	7	8	9	10	11
자전거 수 (대)	68	66	63	65	㉠	62	60	61	58	㉡	55

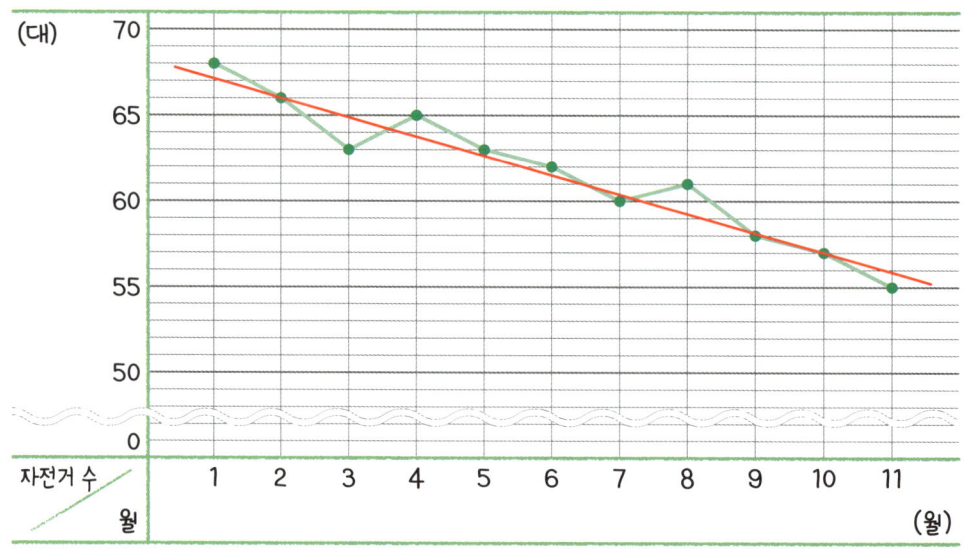

1 ㉠과 ㉡에 알맞은 수를 각각 구해 보세요.

2 그래프에 그어진 추세선을 보고 12월의 자전거 수는 어떻게 변할지 예상해 보세요.

4 학년 꺾은선그래프

⭐ 다음은 어느 전자 회사의 연도별 컴퓨터 판매량을 조사하여 나타낸 표입니다. 물음에 답하세요.

연도별 컴퓨터 판매량

연도	2015	2016	2017	2018	2019	2020	2021
판매량(대)	1750	1800	1780	1850	1830	1920	1900

3 표를 보고 꺾은선그래프로 나타내어 보세요.

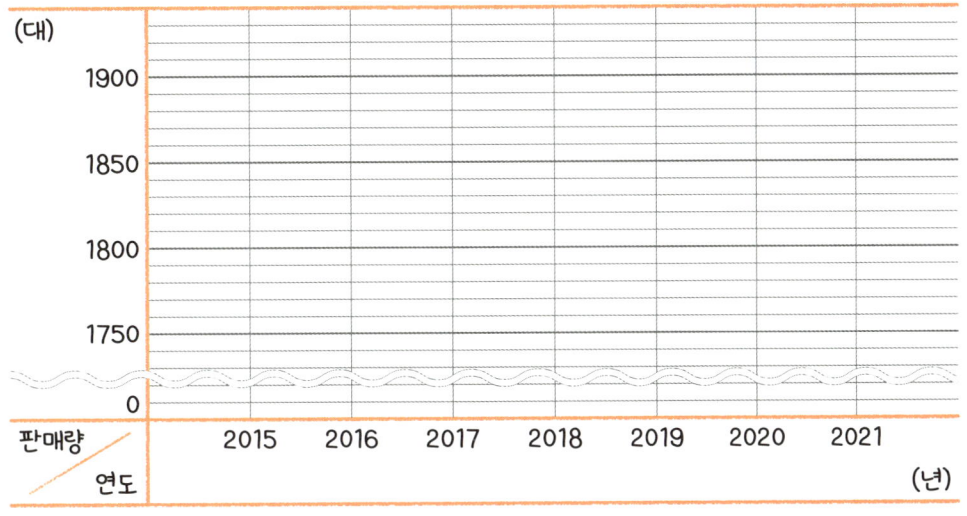

4 위 **3**의 그래프에 추세선을 그어 보세요.

5 2022년의 컴퓨터 판매량은 어떻게 변할지 예상해 보세요.

138~139쪽 확인하기

1. 그래프를 보고 5월과 10월의 자전거 수를 알아봅니다.

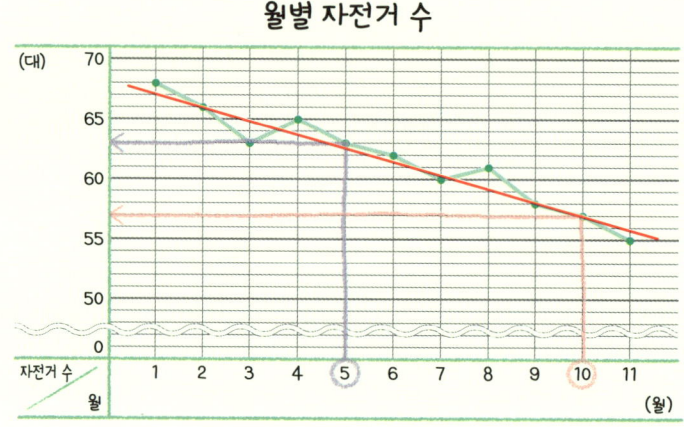

5월의 자전거 수는 63대이므로 ㉠에 알맞은 수는 63입니다.
10월의 자전거 수는 57대이므로 ㉡에 알맞은 수는 57입니다.

2. 추세선을 보면 시간이 지남에 따라 오른쪽 아래를 향하고 있습니다.
따라서 12월의 자전거 수는 11월보다 감소할 것으로 예상할 수 있습니다.

> 그래프에서 추세선을 이용하여 추세를 예측할 수 있습니다.
> 이와 같은 분석 방법을 **선형회귀분석**이라고 합니다.

3 표를 보고 가로와 세로에 맞게 점을 찍은 후 찍은 점들을 선분으로 잇습니다.

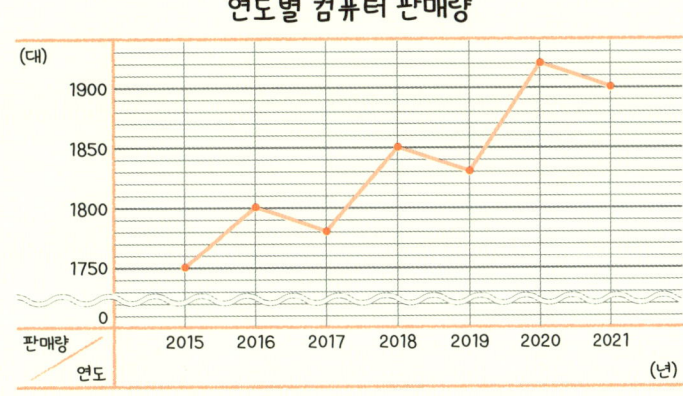

4 최대한 많은 점을 지나면서 다른 점들과 가깝게 추세선을 긋습니다.

5 추세선을 보면 2022년의 판매량은 증가할 것으로 예상할 수 있습니다.

> 꺾은선그래프는 시간에 따른 데이터의 변화를 나타내는 데 효과적이고,
> 선형회귀분석은 데이터들의 관계를 분석하고 미래를 예측하는 데 효과적입니다.

타교과 및 생활 속 인공지능

⭐ 다음은 전체 인구 중 연령별 인구가 차지하는 비율을 나타낸 꺾은선그래프입니다. 이 그래프에 추세선을 그었더니 다음과 같았습니다. 물음에 답하세요.

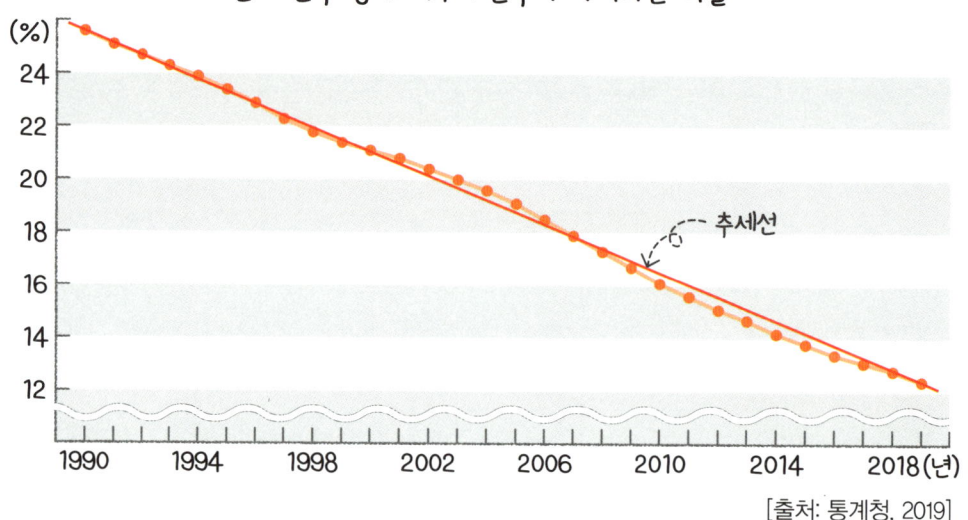

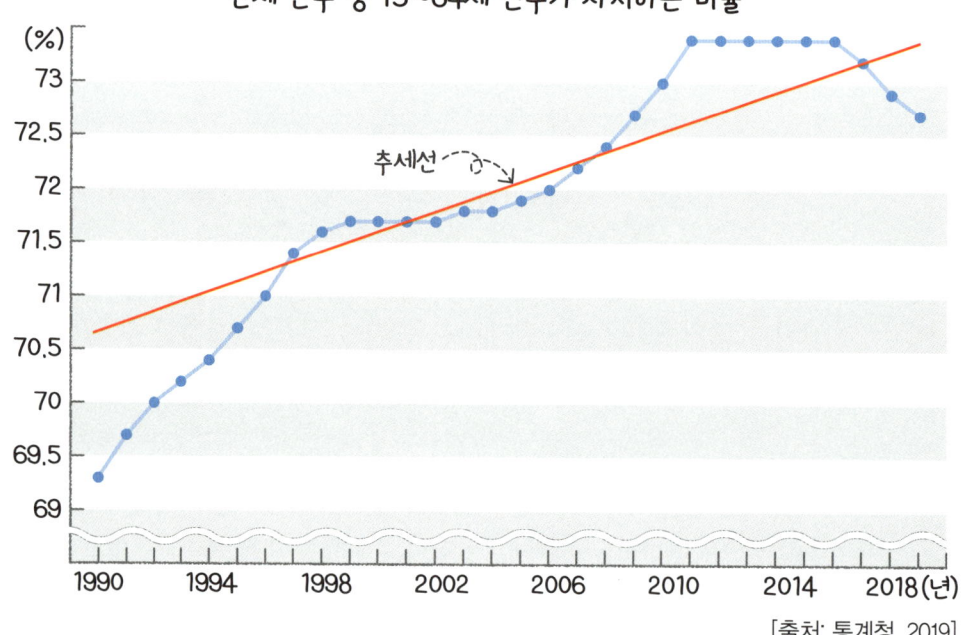

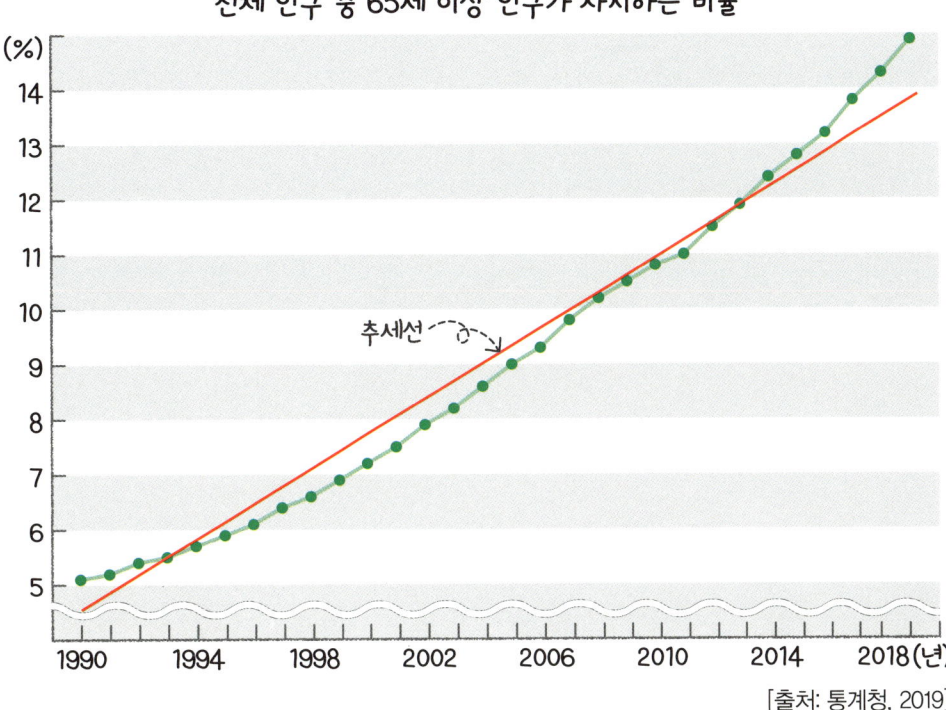

1. 앞으로 0~14세 인구가 차지하는 비율은 어떻게 변할지 예상해 보세요.

2. 앞으로 15~64세 인구가 차지하는 비율은 어떻게 변할지 예상해 보세요.

3. 앞으로 65세 이상 인구가 차지하는 비율은 어떻게 변할지 예상해 보세요.

4. 인구 비율의 변화로 인해 미래에 예상되는 문제를 이야기해 보세요.

142~143쪽 확인하기

1 그래프의 추세선이 어느 방향으로 향하고 있는지 살펴봅니다.

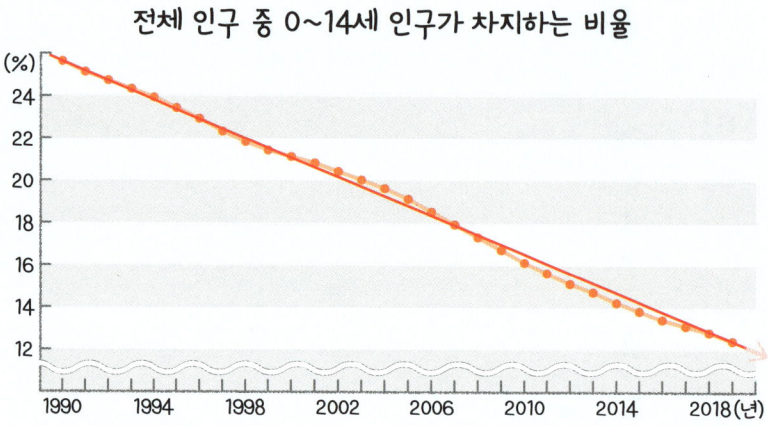

추세선이 오른쪽 아래를 향하고 있으므로 앞으로 0~14세 인구가 차지하는 비율은 감소할 것으로 예상할 수 있습니다.

2

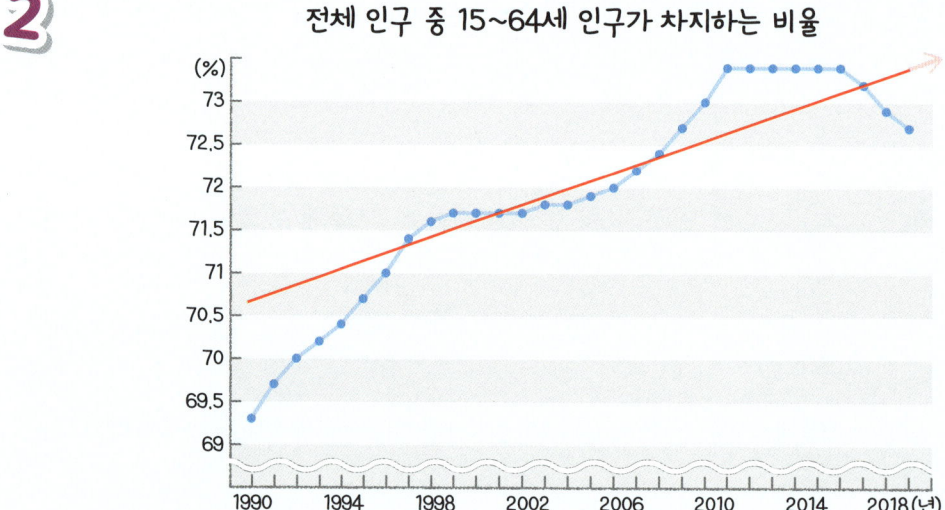

추세선이 오른쪽 위를 향하고 있으므로 앞으로 15~64세 인구가 차지하는 비율은 증가할 것으로 예상할 수 있습니다.

3
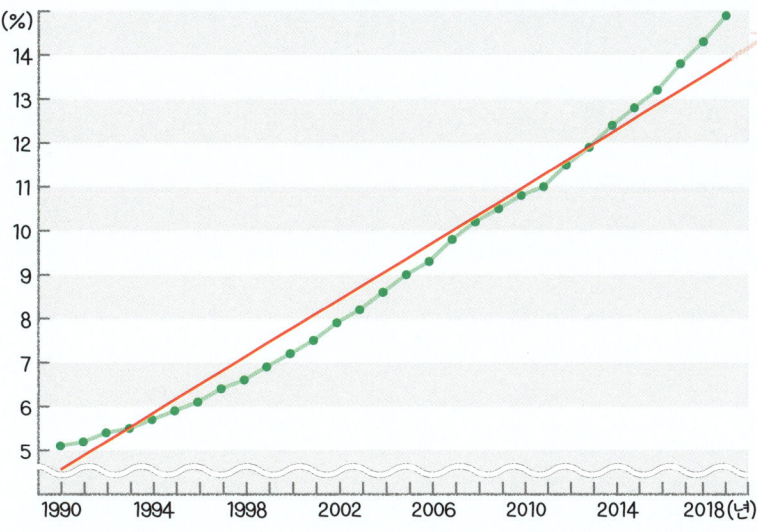

추세선이 오른쪽 위를 향하고 있으므로 앞으로 65세 이상 인구가 차지하는 비율은 증가할 것으로 예상할 수 있습니다.

4 0~14세 인구가 차지하는 비율은 감소하고, 15~64세 인구와 65세 이상 인구가 차지하는 비율은 증가할 때 다음과 같이 다양한 문제가 생길 수 있습니다.
- 우리나라는 저출산, 고령화 사회가 될 것입니다.
- 학생 수가 줄어들면서 없어지는 학교가 생길 것입니다.
- 미래에 다양한 분야에서 일손이 부족할 수 있습니다.
- 노인들을 위한 다양한 시설이 필요할 것입니다.

추세선은 직선만 있을까요

좋은 인공지능 예측 모델은 주어진 데이터들의 관계를 잘 파악하여 미래를 적절하게 예측합니다.

그렇다면 다음과 같은 데이터에는 추세선을 어떻게 그으면 좋을까요?

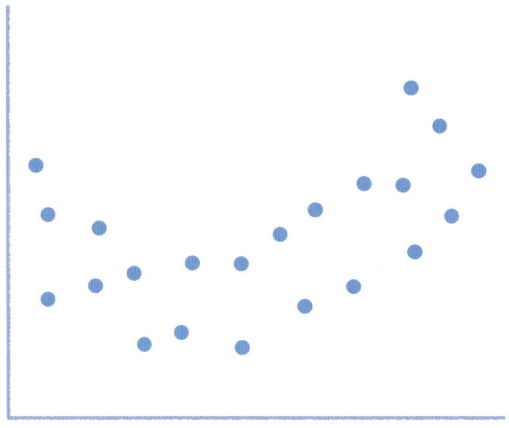

먼저 가 그래프와 같이 추세선을 직선으로 그어 보겠습니다.

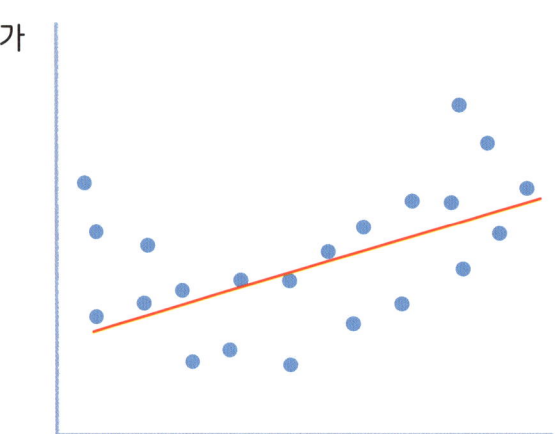

146

추세선과 거리가 먼 데이터들이 많기 때문에 데이터들의 관계를 잘 나타내었다고 할 수 없습니다.

따라서 적합한 추세선이 아닙니다.

나 그래프와 같이 추세선을 그어 봅시다.

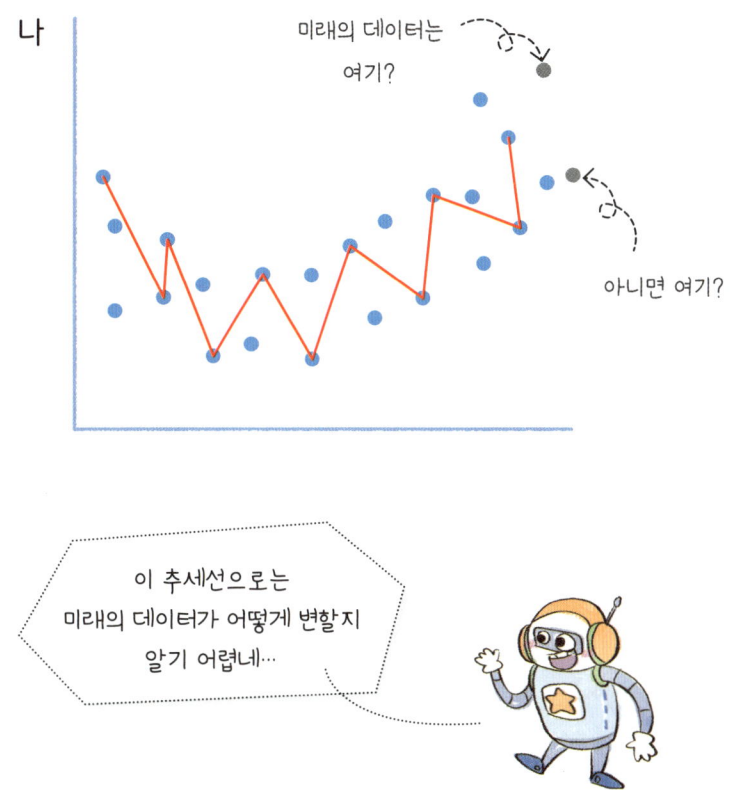

추세선과 데이터들의 거리가 아주 가깝지만 이처럼 지나치게 많은 데이터들을 지나는 추세선으로는 미래를 예측하기 어렵습니다.

위와 같이 많은 데이터들을 지나치게 연관 지어 추세선이 꼬불꼬불하게 나타난 것을 **과적합(overfitting)**이라고 합니다. 과적합은 적은 데이터를 과도하게 학습했을 때 나타나며, 이미 학습한 데이터는 잘 예측하지만 새로운 데이터는 잘 예측하지 못한다는 단점이 있습니다.

▲ 과적합의 예

이번에는 다 그래프와 같은 추세선을 살펴봅시다.

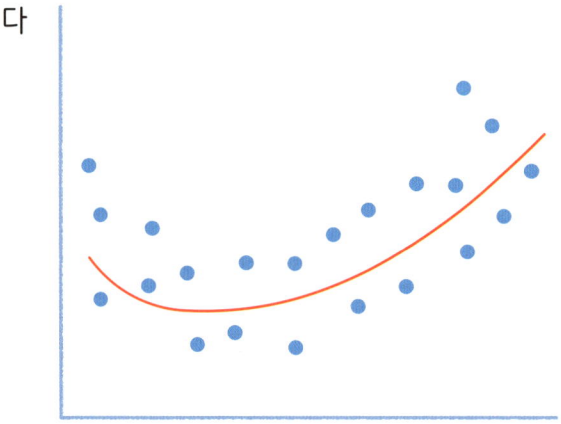

추세선의 모양이 데이터들이 이루는 모양과 비슷하고, 추세선과 데이터들의 거리가 가깝게 그어져 있는 것을 알 수 있습니다.

따라서 다 그래프의 추세선이 가장 적합하다고 할 수 있습니다.

이처럼 추세선은 꼭 직선이 아니며 데이터의 형태에 따라 다양한 모양이 있을 수 있습니다.

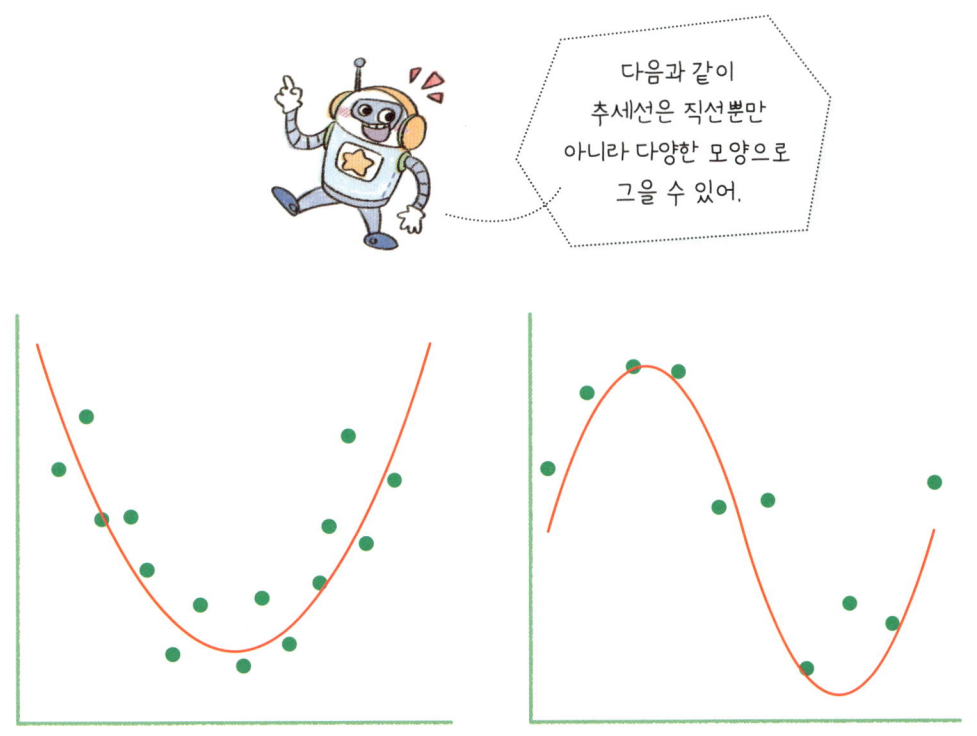

한편 데이터들의 관계를 추세선으로 나타내지 못하는 경우도 있습니다.

인공지능의 성능은 어떻게 확인할까요

인공지능 모델 평가

• 수와 연산으로 이해해요 3 학년 분수

인공지능 모델 평가

여러분은 공부하고 난 후 어떻게 하나요? 다양한 방법으로 공부한 것을 평가하면서 공부를 잘했는지, 아닌지 확인할 것입니다. 마찬가지로 **인공지능도 얼마나 올바르게 판단하는지 성능을 평가**합니다. 이를 **인공지능 모델 평가**라고 합니다.

강아지를 학습한 깨봇이 동물들을 강아지인지, 아닌지 판단하여 다음과 같이 분류했습니다. 깨봇이 올바르게 판단했는지 평가하는 방법을 알아볼까요?

인공지능 모델 평가 방법 중 가장 많이 쓰이는 방법은 정확도입니다. 정확도란 바르고 확실한 정도를 나타내는 말로 인공지능이 **전체 데이터 중에서 얼마나 바르게 판단했는지 그 정도를 나타내는 값**입니다.

그리고 인공지능 모델 평가 방법 중 정밀도라는 것도 있습니다. 정밀도란 판단한 것의 정밀한 정도를 나타내는 말로 **인공지능이 판단한 데이터 중에서 얼마나 바르게 판단했는지 그 정도를 나타내는 값**입니다.

또한 **적중률**로 인공지능 모델을 평가하기도 합니다.

적중률이란 예상이나 추측, 목표가 들어 맞는지를 나타내는 말로 **해당하는 전체 데이터 중에서 얼마나 바르게 판단했는지 그 정도를 나타내는 값**입니다.

생각해 봐요!

- ★ **정확도**를 어떻게 구할 수 있을까요?
- ★ **정밀도**를 어떻게 구할 수 있을까요?
- ★ **적중률**을 어떻게 구할 수 있을까요?

다양한 인공지능 모델 평가 방법을 알아볼까요

깨봇이 동물들을 분류한 것을 보고 깨봇의 정확도, 정밀도, 적중률을 구해 봅시다.

먼저 **정확도**를 구해 볼까요?

정확도는 **전체 데이터 중에서 깨봇이 강아지와 강아지가 아닌 것을 얼마나 바르게 판단했는지의 값**을 나타냅니다. 먼저 전체 데이터의 수를 세어 봅니다.

동물의 수를 세어 보니 모두 **10마리**야.

그리고 깨봇이 강아지와 강아지가 아닌 것으로 판단한 데이터 중 바르게 판단한 데이터의 수를 세어 봅니다.

전체 데이터의 수와 바르게 판단한 데이터의 수로 정확도를 구하면 다음과 같습니다.

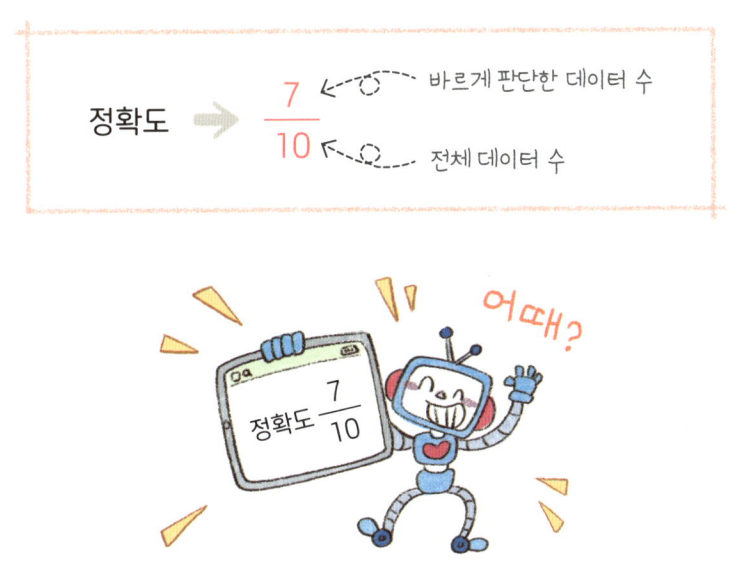

이번에는 정밀도를 구해 볼까요?

정밀도는 **깨봇이 강아지로 판단한 데이터 중에서 실제 강아지를 얼마나 바르게 판단했는지의 값**을 나타냅니다. 깨봇이 강아지로 판단한 데이터의 수와 이 중 바르게 판단한 강아지의 수를 세어 봅니다.

강아지로 판단한 데이터의 수와 이 중 바르게 판단한 강아지의 수로 정밀도를 구하면 다음과 같습니다.

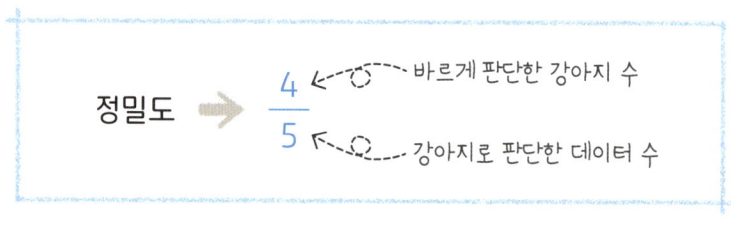

마지막으로 **적중률**을 구해 볼까요?

적중률은 **전체 강아지 데이터 중에서 깨봇이 얼마나 바르게 판단했는지의 값**을 나타냅니다. 전체 강아지 데이터의 수와 이 중 깨봇이 바르게 판단한 강아지의 수를 세어 봅니다.

전체 강아지는 6마리이고, 이 중 깨봇이 바르게 판단한 강아지는 4마리야.

전체 강아지 데이터의 수와 이 중 깨봇이 바르게 판단한 강아지의 수로 적중률을 구하면 다음과 같습니다.

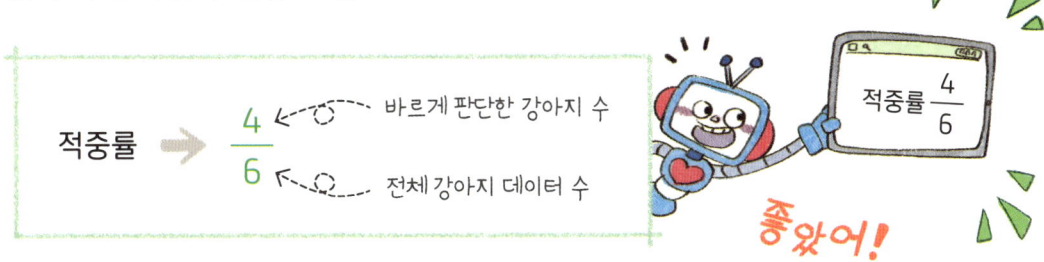

그런데 인공지능의 성능을 평가하는 데 왜 다양한 방법이 필요할까요?

다음과 같은 상황을 살펴봅시다. 깨봇이 여러 가지 공 중에서 축구공과 축구공이 아닌 것을 판단하여 분류했습니다.

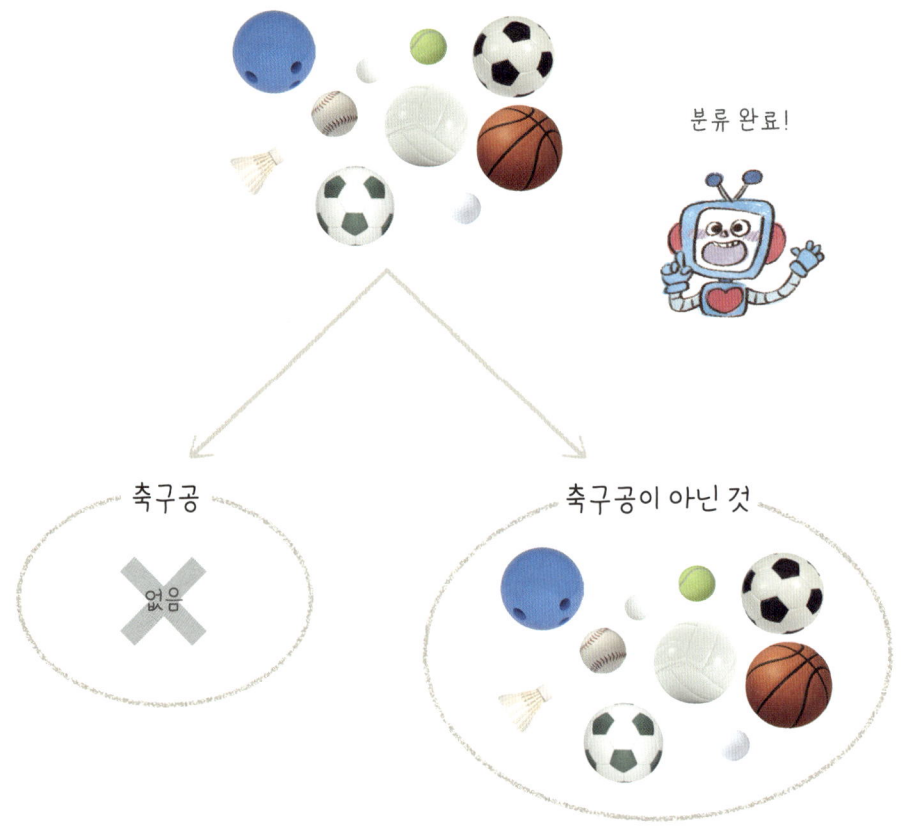

깨봇이 공 10개 중에서 8개를 축구공이 아닌 것으로 바르게 판단하였기 때문에 정확도는 $\frac{8}{10}$입니다. 즉, 높은 성능의 인공지능인 것입니다. 그럼 실제로 깨봇이 높은 성능을 보여 줄까요?

아마 그렇지 않을 것입니다. 왜냐하면 주어진 공 중에서 축구공을 하나도 찾지 못했기 때문입니다.

이처럼 정확도만으로는 인공지능의 성능을 평가하기에 어려운 경우가 있습니다. 그렇기 때문에 여러 가지 평가 방법이 필요한 것입니다.

'분수'의 크기를 비교하면서 이해 쏘~옥!

3학년 때 배우는 '분수'로 살펴봅시다. 분모가 같은 분수의 크기를 어떻게 비교하는지 알고 있나요?

분모가 같은 분수는 분자를 비교하여 크기를 비교합니다.

> 분모가 같은 분수는 분자가 클수록 더 큰 분수입니다.

분모가 같은 분수의 크기 비교 방법을 이용하여 두 인공지능 로봇의 성능을 비교해 봅시다.

깨봇과 짱봇에게 다음을 페트병과 페트병이 아닌 것으로 분류하도록 시켰습니다. 얼마나 잘 분류했는지 비교해 볼까요?

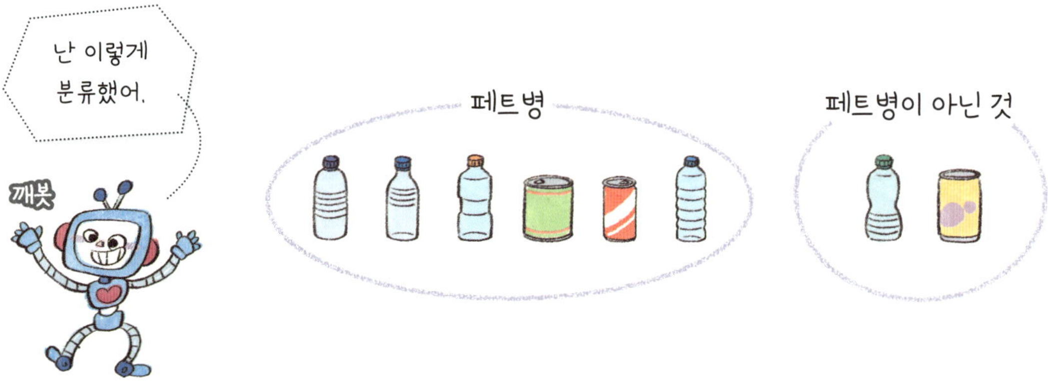

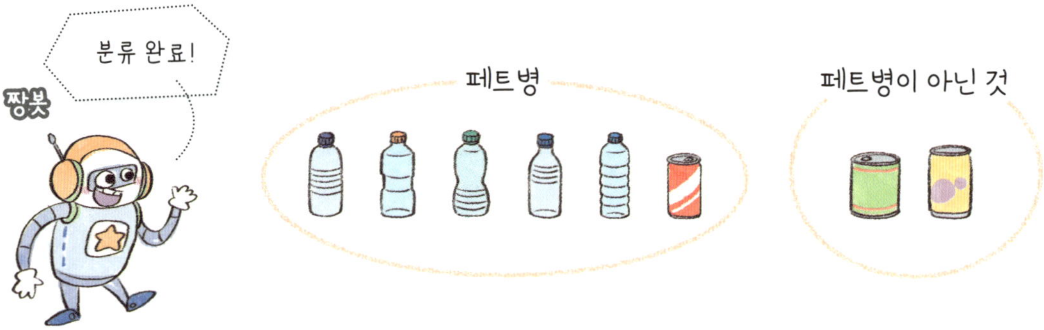

난 이렇게 분류했어.

깨봇

페트병 / 페트병이 아닌 것

분류 완료!

짱봇

페트병 / 페트병이 아닌 것

먼저 **정확도**를 비교해 볼까요? 정확도는 전체 데이터 수와 바르게 판단한 데이터 수를 이용하여 구합니다.

$$\frac{(바르게\ 판단한\ 데이터\ 수)}{(전체\ 데이터\ 수)}$$

정밀도를 비교해 볼까요? 정밀도는 페트병으로 판단한 데이터 수와 바르게 판단한 페트병 수를 이용하여 구합니다.

$$\frac{(바르게\ 판단한\ 페트병\ 수)}{(페트병으로\ 판단한\ 데이터\ 수)}$$

 <

적중률을 비교해 볼까요? 적중률은 전체 페트병 데이터 수와 바르게 판단한 페트병 수를 이용하여 구합니다.

$$\frac{(바르게\ 판단한\ 페트병\ 수)}{(전체\ 페트병\ 데이터\ 수)}$$

 <

깨봇과 짱봇의 성능을 평가해 본 결과 정확도, 정밀도, 적중률 모두 짱봇이 더 우수한 성능을 보였습니다.

따라서 페트병을 분류할 때는 짱봇을 활용하는 것이 더 효과적일 것입니다.

인공지능! 이렇게 생각하면 쉬워요.

인공지능 모델 평가 방법에는 정확도, 정밀도, 적중률이 있구나.

응~ 인공지능 모델을 평가할 때는 정확도 뿐만 아니라 정밀도, 적중률도 함께 확인해야 해.

교과서 속 인공지능

3학년 분수

★ 깨봇과 짱봇에게 여러 가지 과일을 사과와 사과가 아닌 것으로 분류하도록 시켰습니다. 두 로봇의 정확도를 비교하려고 합니다. 물음에 답하세요.

깨봇

사과 / 사과가 아닌 것

짱봇

사과 / 사과가 아닌 것

정확도를 구하는 방법이야.

$$(정확도) = \frac{(바르게\ 판단한\ 데이터\ 수)}{(전체\ 데이터\ 수)}$$

정확도는 사과로 분류한 것뿐만 아니라 사과가 아니라고 분류한 것도 확인해야 해.

1 깨봇의 정확도를 분수로 나타내어 보세요.

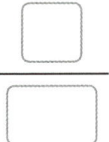

2 짱봇의 정확도를 분수로 나타내어 보세요.

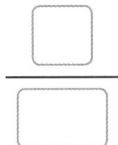

3 깨봇과 짱봇 중 누구의 정확도가 더 높은가요?

164~165쪽 확인하기

1 정확도를 구하기 위해서는 전체 데이터의 수와 바르게 판단한 데이터의 수를 알아야 합니다.

과일을 세어 보면 모두 12개입니다.

깨봇이 바르게 분류한 데이터를 살펴봅시다.

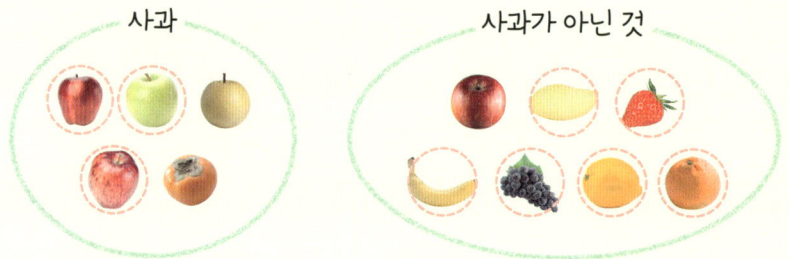

깨봇이 사과라고 판단한 데이터 중 실제 사과(◯)는 3개이고, 사과가 아니라고 판단한 데이터 중 실제 사과가 아닌 것(◯)은 6개입니다.
따라서 깨봇이 바르게 판단한 데이터는 모두 3+6=9(개)입니다.

$$(\text{깨봇의 정확도}) = \frac{(\text{바르게 판단한 데이터 수})}{(\text{전체 데이터 수})} = \frac{9}{12}$$

2 짱봇이 바르게 분류한 데이터를 살펴봅시다.

짱봇이 사과라고 판단한 데이터 중 실제 사과(◯)는 4개이고, 사과가 아니라고 판단한 데이터 중 실제 사과가 아닌 것(◯)은 4개입니다.
따라서 짱봇이 바르게 판단한 데이터는 모두 4+4=8(개)입니다.

$$(\text{짱봇의 정확도}) = \frac{(\text{바르게 판단한 데이터 수})}{(\text{전체 데이터 수})} = \frac{8}{12}$$

3 깨봇과 짱봇의 정확도인 $\frac{9}{12}$와 $\frac{8}{12}$을 비교합니다.

두 분수의 분자를 비교하면 9>8이므로 $\frac{9}{12} > \frac{8}{12}$입니다.

따라서 깨봇의 정확도가 더 높습니다.

> 인공지능 모델 평가 방법 중 하나는 **정확도**입니다.
> $$(\text{정확도}) = \frac{(\text{바르게 판단한 데이터 수})}{(\text{전체 데이터 수})}$$

⭐ 어느 개발자가 암을 진단하는 인공지능을 개발하여 성능을 평가해 보았습니다. 다음을 보고 물음에 답하세요.

다음 20명의 데이터로 암을 진단하는 인공지능의 성능을 평가해 보겠습니다. 이 인공지능은 20명의 데이터를 학습한 적이 없습니다.

🧍 건강한 사람   🧍 암 환자

암을 진단한 결과는 다음과 같아~

암 환자   건강한 사람

1 암 진단 인공지능의 정확도는 얼마인가요?

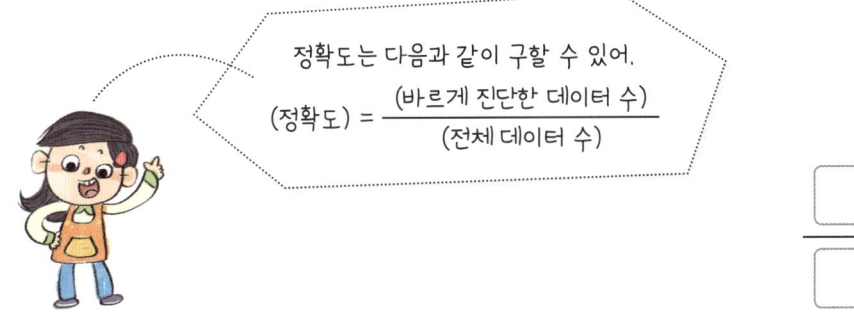

$$(\text{정확도}) = \frac{(\text{바르게 진단한 데이터 수})}{(\text{전체 데이터 수})}$$

$$\frac{\Box}{\Box}$$

2 암 환자 진단에 대한 인공지능의 정밀도는 얼마인가요?

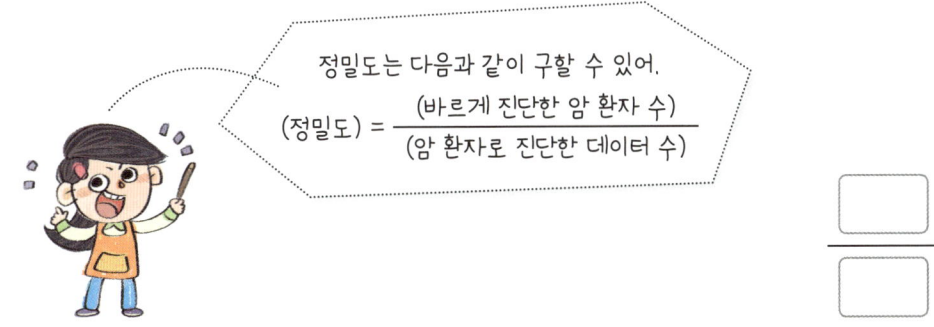

$$(\text{정밀도}) = \frac{(\text{바르게 진단한 암 환자 수})}{(\text{암 환자로 진단한 데이터 수})}$$

$$\frac{\Box}{\Box}$$

3 암 환자 진단에 대한 인공지능의 적중률은 얼마인가요?

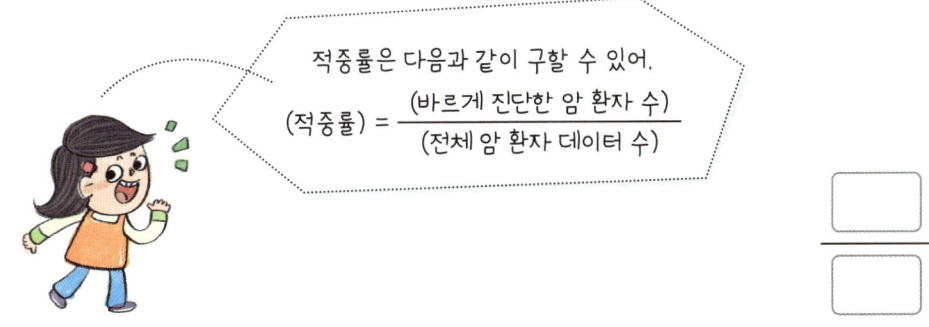

$$(\text{적중률}) = \frac{(\text{바르게 진단한 암 환자 수})}{(\text{전체 암 환자 데이터 수})}$$

$$\frac{\Box}{\Box}$$

168~169쪽 확인하기

1 암 진단 인공지능에 대한 정확도를 구하기 위해서는 전체 데이터의 수와 바르게 진단한 데이터의 수를 알아야 합니다.

전체 20명의 데이터 중 바르게 진단한 데이터를 살펴봅시다.

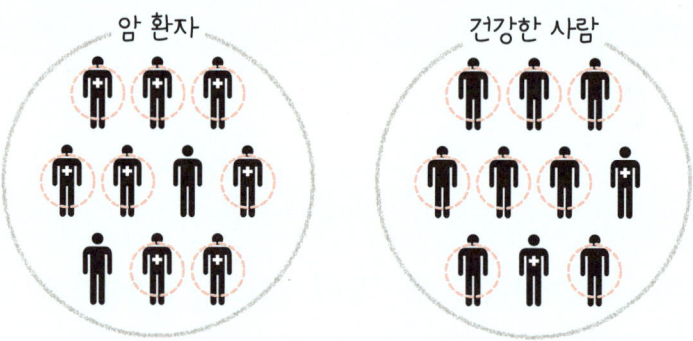

인공지능이 암 환자로 진단한 데이터 중 실제 암 환자(◯)는 8명이고, 건강한 사람으로 진단한 데이터 중 실제 건강한 사람(◯)은 8명입니다.
따라서 인공지능이 바르게 진단한 데이터는 모두 8+8=16(명)입니다.

$$(\text{정확도}) = \frac{(\text{바르게 진단한 데이터 수})}{(\text{전체 데이터 수})} = \frac{16}{20}$$

2 암 환자 진단에 대한 정밀도를 구하기 위해서는 인공지능이 암 환자로 진단한 데이터의 수와 바르게 진단한 암 환자의 수를 알아야 합니다.

인공지능이 암 환자로 진단한 데이터는 10명이고, 이 중 바르게 진단한 암 환자(◯)는 8명입니다.

$$(\text{정밀도}) = \frac{(\text{바르게 진단한 암 환자 수})}{(\text{암 환자로 진단한 데이터 수})} = \frac{8}{10}$$

3 암 환자 진단에 대한 적중률을 구하기 위해서는 전체 암 환자 데이터의 수와 바르게 진단한 암 환자의 수를 알아야 합니다.

전체 데이터 중 암 환자의 수를 세어 봅니다.

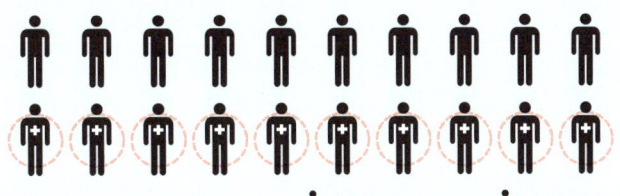

전체 암 환자(◯)는 10명입니다.

인공지능이 바르게 진단한 암 환자(◯)는 8명입니다.

$$(\text{적중률}) = \frac{(\text{바르게 진단한 암 환자 수})}{(\text{전체 암 환자 데이터 수})} = \frac{8}{10}$$

정밀도 VS 적중률

앞에서 정확도만으로는 인공지능 모델을 제대로 평가할 수 없기 때문에 정밀도와 적중률도 함께 확인해야 한다고 하였습니다. 그런데 왜 정밀도와 적중률, 2가지나 더 확인해야 할까요? 이는 정밀도와 적중률의 의미가 서로 다르기 때문입니다.

암 진단 인공지능이 10명의 데이터를 다음과 같이 진단했다고 생각해 봅시다.

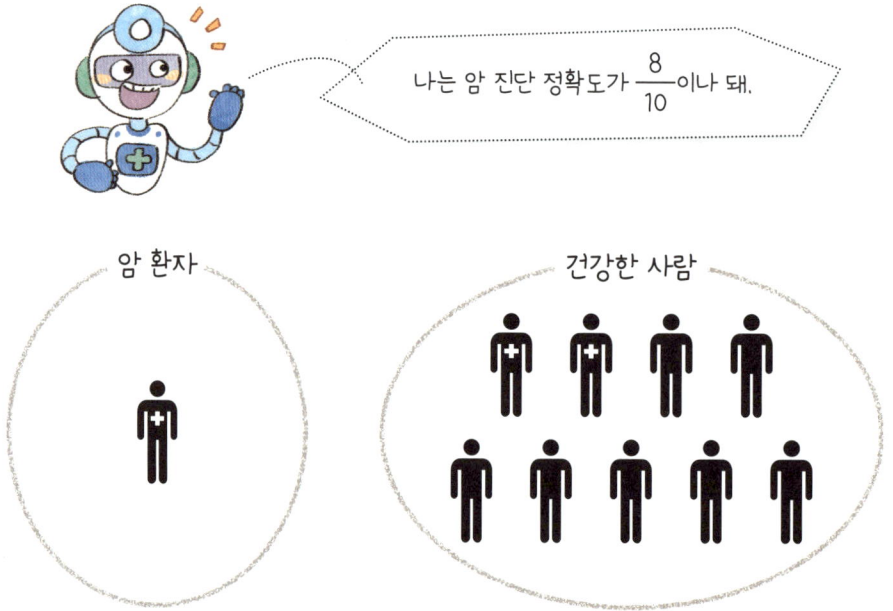

이 인공지능의 정밀도와 적중률은 얼마나 될까요?

$$(정밀도) = \frac{(바르게\ 진단한\ 암\ 환자\ 수)}{(암\ 환자로\ 진단한\ 데이터\ 수)} = \frac{1}{1} = 1$$

$$(적중률) = \frac{(바르게\ 진단한\ 암\ 환자\ 수)}{(전체\ 암\ 환자\ 데이터\ 수)} = \frac{1}{3}$$

정확도는 $\frac{8}{10}$, 정밀도는 가장 높은 수인 1이 나왔습니다. 하지만 정확도, 정밀도가 높은 인공지능임에도 불구하고 좋은 인공지능이 아닙니다.

왜 그럴까요?

매우 낮은 정밀도와 적중률을 가진 최악의 암 진단 인공지능을 생각해 봅시다.

이 인공지능은 정밀도가 낮아서 건강한 사람을 암 환자로 판단하는 경우가 많습니다. 또한 적중률도 낮아서 암 환자를 건강한 사람으로 판단하는 경우도 많습니다.

그렇다면 어떤 경우가 더 치명적인 결과를 초래할까요?

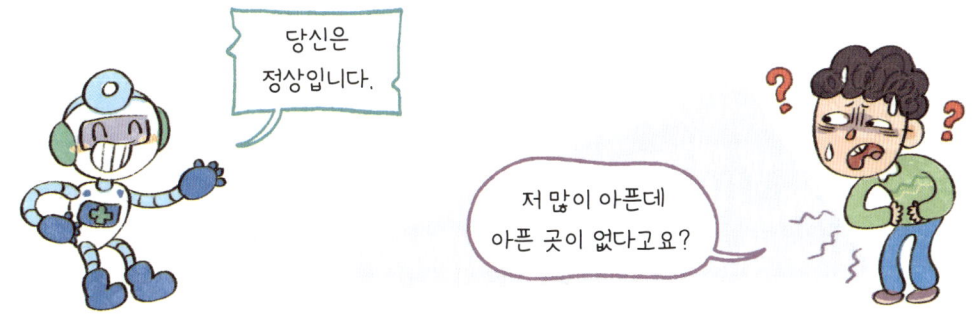

건강한 사람을 암 환자로 판단한다면 그 순간은 충격이 크겠지만 곧 이어질 다양한 정밀 검사에서 정상으로 나올 가능성이 큽니다. 하지만 암 환자를 건강한 사람으로 판단한다면 암 환자는 치료할 시기를 놓쳐 생명이 위태로울 수 있습니다.

따라서 암 진단 인공지능에게는 적중률이 더 중요한 평가 방법이 될 것입니다.

이처럼 **적중률**은 암 진단 인공지능과 같이 '○를 ×라고 판단하지 않는가'가 중요한 인공지능을 평가할 때 유용합니다.

반면에 **정밀도**는 '×를 ○라고 판단하지 않는가'가 중요한 인공지능을 평가할 때 유용합니다. 바로 알파고와 같은 인공지능 말입니다.

앞과 마찬가지로 매우 낮은 정밀도와 적중률을 가진 최악의 알파고는 어떻게 판단할까요?

정밀도가 낮으니 나쁜 수를 좋은 수로 판단하는 경우가 많을 것입니다. 또한 적중률이 낮으니 좋은 수를 나쁜 수로 판단하는 경우도 많을 것입니다.

어떤 경우가 더 치명적인 결과를 초래할까요?

좋은 수를 놓치더라도 다른 좋은 수를 찾을 기회는 있습니다. 하지만 나쁜 수를 좋은 수라고 판단하고 두면 바로 패배로 이어질 수도 있습니다.

따라서 알파고와 같이 승리가 중요한 인공지능의 성능을 평가할 때는 정밀도가 더 중요한 평가 방법이 될 것입니다.

다만, 개발된 인공지능의 목적에 따라 정밀도와 적중률의 평가 비중이 다를 뿐 인공지능 모델을 평가할 때 정확도, 정밀도, 적중률이 모두 고르게 높아야 좋은 인공지능이라고 할 수 있습니다.

활동 자료를 모아 놓았어요.
점선(-----)을 따라 가위로 오려서 사용해요.
가위를 사용할 때 다치지 않도록 조심해요.

59쪽
활동 자료

활동 자료

59쪽

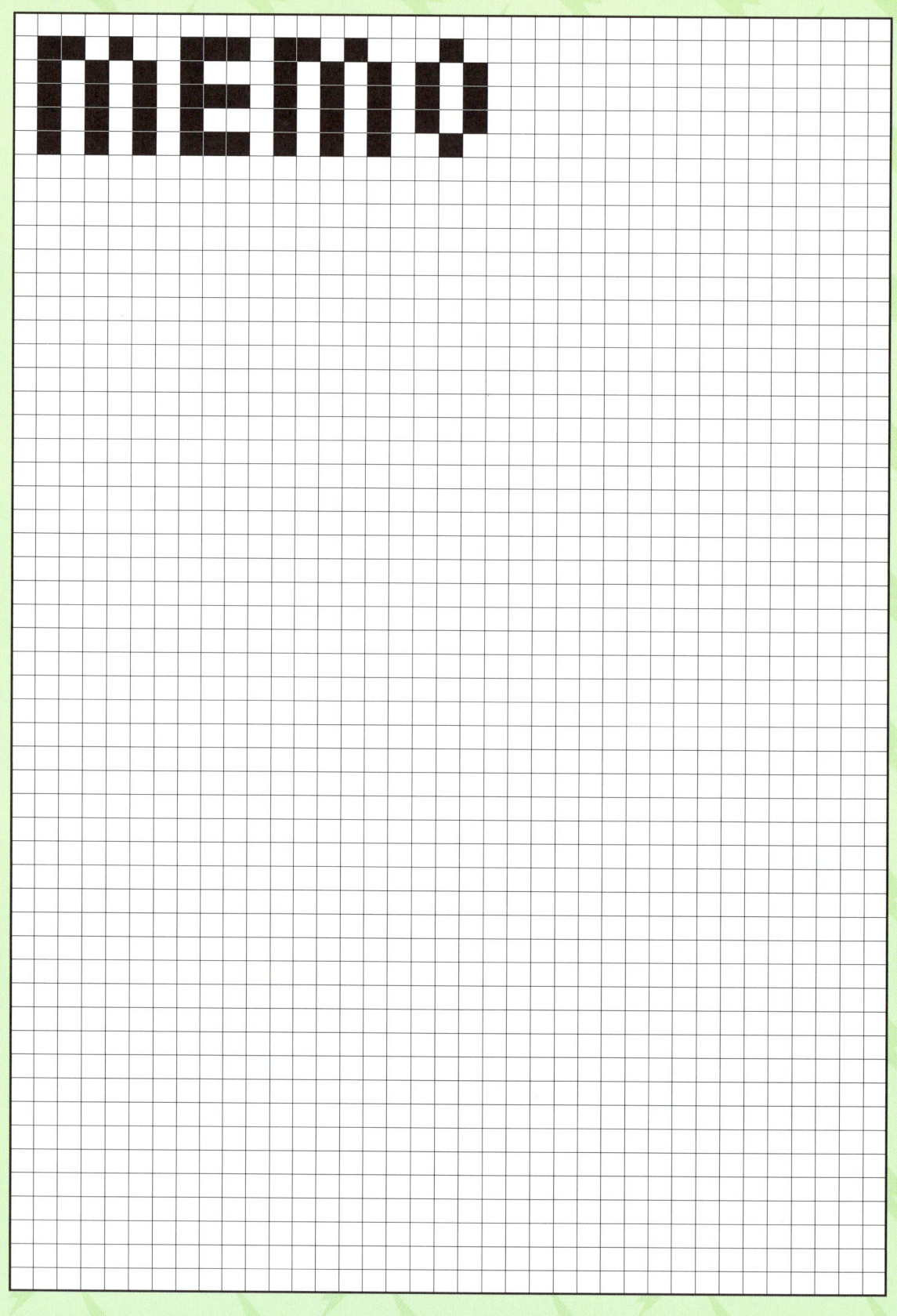

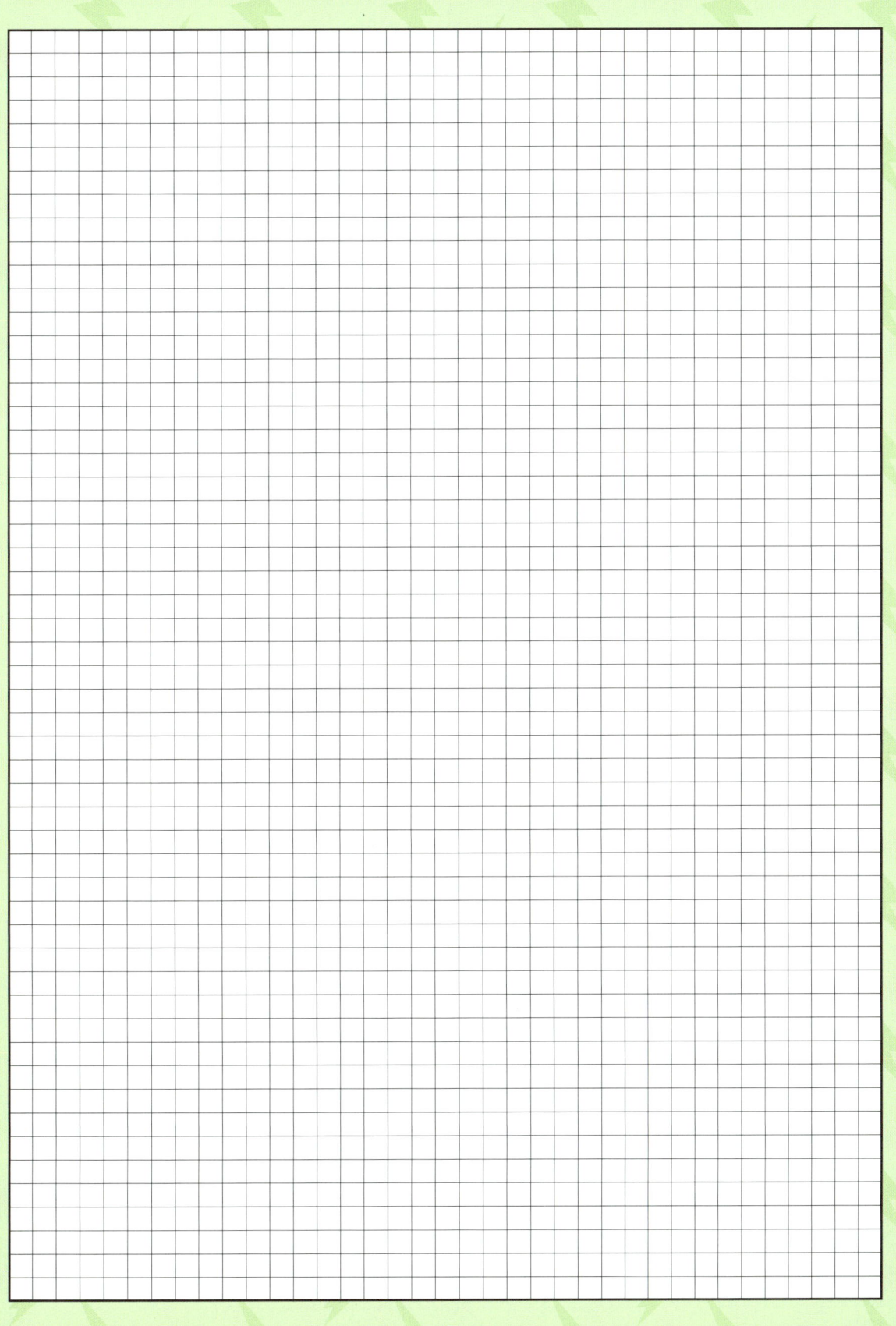

교과서 수학으로 배우는 인공지능 3

1판 1쇄 인쇄 | 2022.11.9.
1판 1쇄 발행 | 2022.11.21.

글 박만구 김영현 최현정 정현웅 박성식

발행처 김영사 | **발행인** 고세규
개발총괄 이한진 | **개발** 문준필 이은지
디자인 조성룡 이혜진 김용남 | **마케팅** 이철주 | **홍보** 박은경 조은우
등록번호 제406-2003-036호 | **등록일자** 1979.5.17.
주소 경기도 파주시 문발로 197 (우 10881)
전화 마케팅부 031-955-3129 | 편집부 031-955-3221 | 팩스 031-955-3111

값은 표지에 있습니다.
ISBN 978-89-349-4433-1   73500

좋은 독자가 좋은 책을 만듭니다. 김영사는 독자 여러분의 의견에 항상 귀 기울이고 있습니다.
전자우편 book@gimmyoung.com | 홈페이지 www.gimmyoungjr.com

어린이제품 안전특별법에 의한 표시사항

제품명 도서　**제조년월일** 2022년 11월 21일　**제조사명** 김영사　**주소** 10881 경기도 파주시 문발로 197
전화번호 031-955-3129　**제조국명** 대한민국　⚠ 주의 책 모서리에 찍히거나 책장에 베이지 않게 조심하세요.

교과서 수학으로 배우는
인공지능 3
지도
가이드북

✦ 이럴 때 펼쳐 보세요 ✦

 인공지능에 대한 자세한 설명이 필요할 때!

 수학 연계 학습 시 자세한 지도 방법이 필요할 때!

 관련 뉴스와 플랫폼을 찾아보고 싶을 때!

교과서 수학으로 배우는 인공지능 3
지도 가이드북

🤖 초등 수학 교과 연계표 • 2
🤖 인공지능 관련 웹사이트 • 3

1 인공지능은 무엇을 배울까요 • 4
2 인공지능은 어떻게 학습할까요(1) • 6
3 인공지능은 어떻게 볼까요 • 8
4 인공지능은 어떻게 학습할까요(2) • 11
5 인공지능은 어떻게 기능이 향상될까요 • 16
6 인공지능은 어떻게 예측할까요 • 19
7 인공지능의 성능은 어떻게 확인할까요 • 22

본책의 각 주제에서 연계하여 다룬 초등 수학 교과 내용을 정리하였습니다.

초등 수학 교과 연계표

인공지능 주제	초등 3학년	초등 4학년
1 인공지능은 무엇을 배울까요 **데이터**	[1학기] 5. 길이와 시간 [2학기] 5. 들이와 무게	[2학기] 5. 꺾은선그래프
2 인공지능은 어떻게 학습할까요(1) **지도 학습**	[1학기] 2. 평면도형	[2학기] 2. 삼각형 4. 사각형
3 인공지능은 어떻게 볼까요 **사물 인식**	[1학기] 4. 곱셈 [2학기] 1. 곱셈	[1학기] 6. 규칙 찾기
4 인공지능은 어떻게 학습할까요(2) **비지도 학습**	[1학기] 2. 평면도형	[2학기] 2. 삼각형 4. 사각형
5 인공지능은 어떻게 기능이 향상될까요 **강화 학습**		[1학기] 6. 규칙 찾기
6 인공지능은 어떻게 예측할까요 **선형회귀분석**	[2학기] 6. 자료의 정리	[2학기] 5. 꺾은선그래프
7 인공지능의 성능은 어떻게 확인할까요 **인공지능 모델 평가**	[1학기] 6. 분수와 소수 [2학기] 4. 분수	

인공지능을 다양하게 체험할 수 있는 웹사이트를 소개하였습니다.

인공지능 관련 웹사이트

명칭	웹사이트 주소(URL)	관련 주제	화면
바다를 위한 AI	https://code.org/oceans	기계 학습	
모럴 머신	https://moralmachine.mit.edu/hl/kr	인공지능 윤리	
티쳐블 머신	https://teachablemachine.withgoogle.com	기계 학습	
엔트리	https://playentry.org	다양한 인공지능 원리	
퀵 드로우	https://quickdraw.withgoogle.com	기계 학습	
세미 컨덕터	https://semiconductor.withgoogle.com	사물 인식	
스케치 RNN	https://magenta.tensorflow.org/assets/sketch_rnn_demo/index.html	기계 학습	

인공지능은 무엇을 배울까요

데이터

이 장은 인공지능의 중요한 요소 중 하나인 **데이터**를 초등 수학 3~4학년군의 '**측정**', '**자료와 가능성**' 영역과 연계한 내용으로 구성하였습니다.

도입으로 인공지능 스마트 양식장 사례를 소개하였습니다.
오른쪽 QR 코드로 인공지능 스마트 양식장 관련 기사를 살펴보면서 데이터가 인공지능에게 얼마나 중요한지 생각해 보도록 합니다.

데이터란 **관찰이나 실험, 조사로 얻은 자료**를 말합니다. 데이터의 종류에는 주변에서 찾을 수 있는 일반적인 데이터인 **아날로그 데이터**와 아날로그 데이터를 디지털 방식으로 바꾼 **디지털 데이터**가 있습니다.

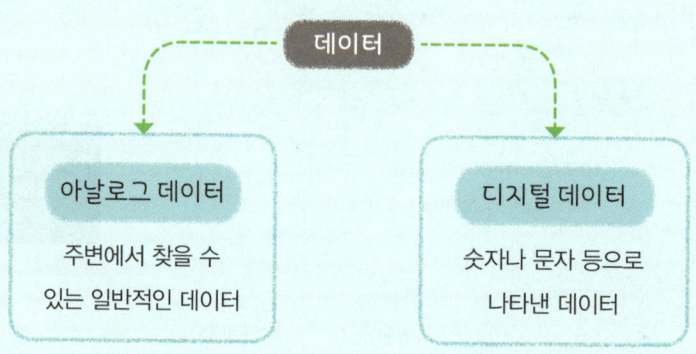

건반을 치면 작은 망치로 줄을 때려 소리를 내는 일반 피아노와 건반을 치면 전기 신호로 바꾸어 소리를 내는 디지털 피아노를 생각해 보면 아날로그 데이터와 디지털 데이터의 차이점을 쉽게 알 수 있을 것입니다.

▲ 일반 피아노

▲ 디지털 피아노

교과서 속 인공지능 데이터의 유형과 새로운 데이터를 얻는 과정을 수학 교과서의 길이, 시간을 측정하는 문제를 통해 소개하였습니다. 그리고 표준 단위로 물건의 들이를 나타낼 때 단위를 잘못 사용한 경우를 찾으면서 정확한 데이터의 필요성에 대해 설명하였습니다.

데이터 측정에 필요한 다양한 단위와 관련하여 수학 교과서의 문제를 함께 살펴본다면 더욱 효과적일 것입니다.

타교과 및 생활 속 인공지능 초등 과학 3~4학년군의 '식물의 한살이' 단원과 연계하여 인공지능을 학습시키기 위한 데이터를 관리하는 것의 주체는 사람임을 인식시키고자 하였습니다. 이에 따라 꺾은선그래프를 통해 데이터를 해석하고 판단하는 능력을 강조하였습니다.

마지막 코너에서는 일부 데이터에 치우쳐 결정을 내리는 **인공지능의 편향성**을 주제로 실제 인공지능 활용 사례 중 차별을 일으킨 사례를 소개하였습니다. 다만, 학생들이 해당 사례만으로 인공지능에 대해 부정적으로 인식하거나 편견을 갖지 않도록 긍정적인 사례도 찾아 보면서 이야기해 보도록 합니다.

인공지능은 어떻게 학습할까요(1)

지도 학습

인공지능을 학습시키는 방법으로 지도 학습, 비지도 학습, 강화 학습이 있습니다. 이 장은 인공지능의 학습 방법 중 하나인 **지도 학습**을 초등 수학 3~4학년군의 '**도형**' 영역과 연계한 내용으로 구성하였습니다.

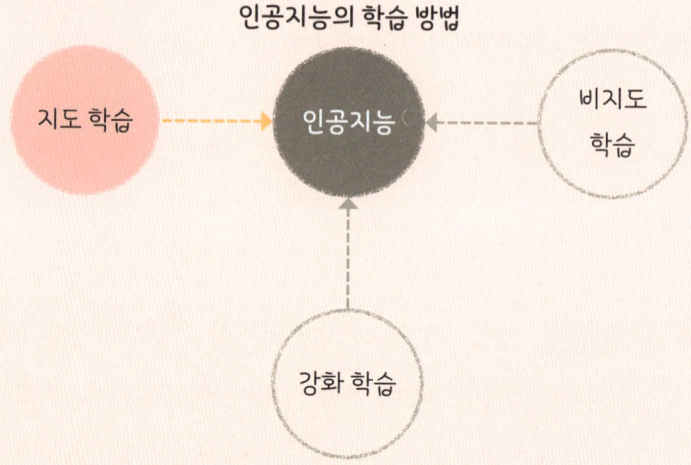

도입으로 순환 자원 회수 로봇이 캔과 페트병을 자동으로 분류하는 사례를 소개하였습니다. 오른쪽 QR 코드로 관련 내용을 살펴보면서 로봇의 세부 기능, 로봇과 인공지능의 관계, 로봇이 캔과 페트병을 자동으로 분류하기 위해 어떤 학습을 했는지에 주목하기 바랍니다.

지도 학습이란 직접 인공지능에게 정답과 관련 있는 데이터를 학습시키는 방법을 말합니다. 인공지능에게 캔과 페트병, 삼각형과 사각형을 어떻게 학습시키는지 살펴보면서 지도 학습의 원리를 이해할 수 있도록 합니다. 이때 인공지능은 학습시킨 데이터의 양, 데이터의 정확도에 따라 성능이 달라지기 때문에 학습시키려는 데이터의 중요성도 함께 알 수 있도록 합니다.

교과서 속 인공지능 수학 교과서의 삼각형, 사각형 단원과 연계하여 지도 학습의 원리를 이해할 수 있도록 구성하였습니다. 다양한 삼각형과 사각형의 특징을 생각해 보며 인공지능이 도형을 어떻게 학습하는지 살펴보기 바랍니다.

타교과 및 생활 속 인공지능 초등 과학 3~4학년군의 '식물' 단원과 연계하여 인공지능이 지도 학습으로 호박과 오이를 학습하는 과정을 소개하였습니다. 다양한 데이터로 학습해야 지도 학습이 잘 이루어진다는 것을 알 수 있도록 지도합니다.

마지막 코너에서는 '티처블 머신(Teachable Machine)' 플랫폼을 통해 지도 학습을 직접 체험해 볼 수 있도록 하였습니다. 주어진 강아지와 고양이 사진뿐만 아니라 다른 사진을 사용하여 지도 학습의 원리를 이해해 보도록 합니다.

또 다른 지도 학습 체험 플랫폼인 '퀵 드로우(Quick Draw)'를 소개합니다.
오른쪽 QR 코드로 접속하여 인공지능이 그림만으로 어떻게 제시어를 맞히는지 직접 체험해 봅니다.

3 인공지능은 어떻게 볼까요

사물 인식

이 장은 인공지능의 원리 중 **사물 인식**을 초등 수학 3~4학년군의 '**수와 연산**', '**규칙성**' 영역과 연계한 내용으로 구성하였습니다.

인공지능은 사람의 인지, 학습, 판단 능력을 모방한 컴퓨터이기도 합니다. 따라서 인공지능의 원리 또한 컴퓨터의 원리를 빼놓고 설명하기 어렵습니다. 이에 따라 컴퓨터의 이미지 표현 원리인 화소와 화소값 개념을 통해 인공지능의 사물 인식의 원리를 설명하였습니다.

도입으로 인공지능의 사물 인식 사례 중 **자율 주행차**를 소개하였습니다.
오른쪽 QR 코드로 자율 주행차에 이용된 여러 가지 기술과 원리 등을 살펴보기 바랍니다. 더불어 우리 생활 속에서 찾을 수 있는 사물 인식 사례는 무엇이 있는지 생각해 보도록 합니다.

사람과 인공지능은 사물을 인식하는 방법이 서로 다릅니다. **사람은 사물에 반사되는 빛 또는 사물에서 나오는 빛을 이용하여 사물을 인식합니다.** 반면에 **인공지능은 카메라, 레이저 센서와 같은 다양한 장치를 이용하여 사물을 디지털 정보로 바꾸어 인식합니다.** 이 외에도 어떤 차이점이 있을지 생각해 보도록 합니다.

사람과 인공지능의 사물 인식 방법

사람	인공지능
사물에 반사되는 빛 또는 사물에서 나오는 빛을 이용하여 인식	다양한 장치를 이용하여 신호를 디지털 정보로 바꾸어 인식

인공지능은 다음과 같은 과정을 거쳐 사물을 인식합니다.

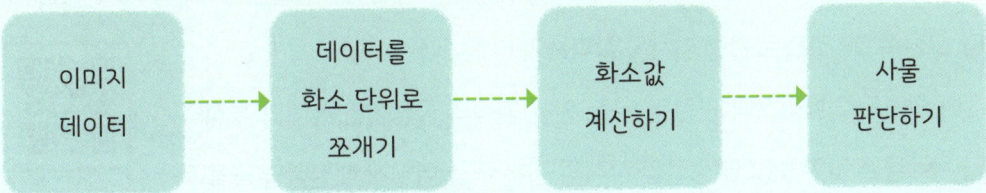

이때 인공지능이 계산하는 최소의 디지털 정보를 **화소** 또는 **픽셀(pixel)**이라 하고, 화소의 색에 따라 정해 지는 수를 **화소값**이라고 합니다. 인공지능은 이 화소값을 계산하여 사물이 무엇인지 판단합니다. 사람이 눈을 통해 형태 또는 색을 인식하는 것과 인공지능이 데이터의 화소값을 계산하여 사물을 인식하는 것의 차이점을 생각해 보도록 합니다.

이미지 데이터는 화소의 수가 많을수록 더 선명하고 또렷합니다. 인공지능이 사물을 정확하게 인식하기 위해서는 높은 화소의 이미지 데이터가 필요함을 설명하였습니다. 제시된 이미지의 화소의 수를 곱셈으로 구해 보면서 화소의 수에 따라 이미지 데이터가 어떻게 달라지는지 살펴보기 바랍니다.

그리고 이미지 데이터를 직접 규칙에 따라 수로 바꿔 보는 활동을 통해 인공지능의 사물 인식 원리를 이해할 수 있도록 합니다.

교과서 속 인공지능 수학 교과서의 곱셈으로 이미지의 화소 수를 계산하고, 인공지능에게 학습시키기에 적절한 이미지 데이터를 찾아보는 활동을 구성하였습니다. 그리고 인공지능이 사물을 인식할 때 이미지를 어떻게 수로 바꾸는지 규칙 찾기를 통해 원리를 설명하였습니다.

타교과 및 생활 속 인공지능 초등 과학 3~4학년군의 '안전 / 과학 탐구' 단원과 연계하여 운전자의 졸음운전을 예방하는 인공지능을 소개하였습니다. 졸음운전을 예방하는 인공지능 기반 최신 기술과 인공지능의 졸음운전 인식 방법을 살펴본 후 문제를 풀어 보면서 이를 이해할 수 있도록 합니다.

마지막 코너에서는 **딥페이크(deepfake)**를 주제로 인공지능 윤리에 대해 소개하였습니다. 오른쪽 QR 코드로 관련 기사를 살펴보기 바랍니다.

이 외에도 딥페이크와 관련된 뉴스, 안면 인식의 긍정적인 사례와 부정적인 사례들을 찾아 보고 부정적인 사례의 경우 이를 어떻게 해결하면 좋을지 생각해 보도록 합니다.

사물 인식과 관련된 플랫폼 '**세미 컨덕터(Semi Conductor)**'를 소개합니다. 이 플랫폼은 인공지능의 사물 인식을 통해 간이 지휘를 체험할 수 있는 프로그램입니다.

오른쪽 QR 코드로 접속하여 간이 지휘를 체험해 보고 인공지능이 어떻게 내 동작을 인식하는지 생각해 보도록 합니다. 웹캠이 있는 컴퓨터 또는 노트북을 이용하여 체험합니다.

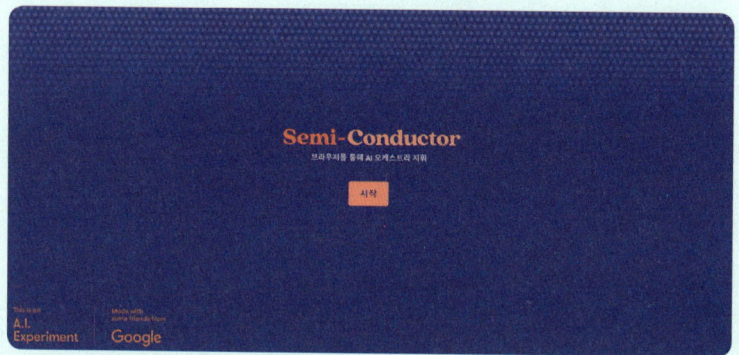

4 인공지능은 어떻게 학습할까요(2)

비지도 학습

이 장은 인공지능의 학습 방법 중 하나인 **비지도 학습**을 초등 수학 3~4학년군의 '**도형**' 영역과 연계한 내용으로 구성하였습니다.

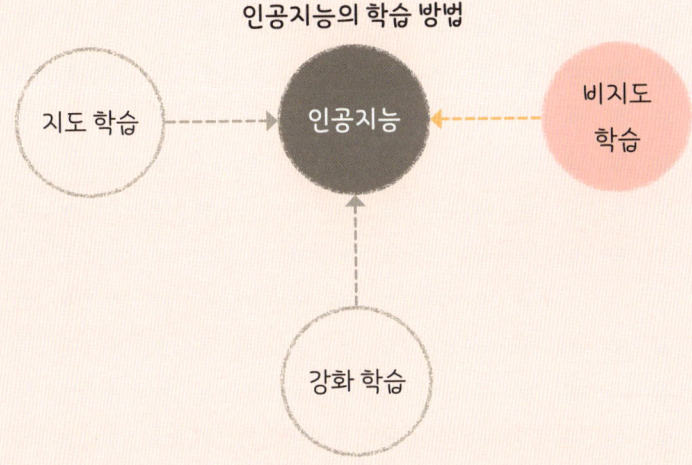

도입으로 온라인에서 인공지능이 영상을 추천해 주거나 물건을 추천해 주는 사례를 소개하였습니다. 영상 플랫폼, 온라인 쇼핑몰 등에서 여러분에게 추천해 준 것의 결과물이 내 취향과 얼마나 비슷한지, 어떻게 이런 결과물이 나왔을지 생각해 보도록 합니다.

비지도 학습이란 주어진 데이터의 특성을 파악하고 비슷한 데이터끼리 군집하는 학습 방법을 말합니다. 학생들에게 군집이라는 용어가 어려울 수 있기 때문에 이 책에서는 군집 대신에 '무리로 나누어 모으다'라는 표현으로 풀어서 소개하였습니다.

비지도 학습을 하기 위해서는 군집할 때 고려해야 할 **데이터의 핵심 속성**과 **군집 수**를 정해 주어야 합니다. 책에서는 여러 가지 삼각형을 이등변삼각형과 정삼각형으로 군집하기 위해 인공지능이 어떻게 비지도 학습을 하는지 그 과정을 소개하였습니다.

1차 시도 **핵심 속성**: 변의 길이

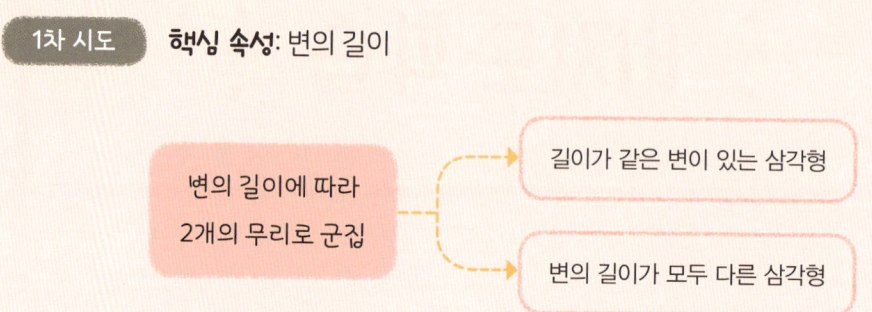

이 방법으로는 이등변삼각형과 정삼각형이 구분되지 않았기 때문에 다시 시도합니다.

2차 시도 **핵심 속성**: 변의 길이

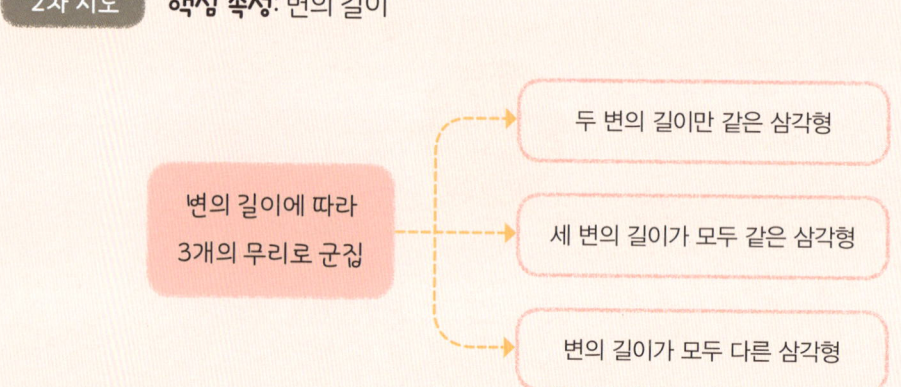

2차 시도를 통해 이등변삼각형과 정삼각형이 구분되었습니다.

이와 같이 데이터의 핵심 속성이나 군집 수를 바꿔 가며 다양한 시도를 통해 군집하면서 문제를 해결할 수 있습니다.

교과서 속 인공지능 수학 교과서의 도형 관련 문제를 통해 비지도 학습의 원리를 이해할 수 있도록 구성하였습니다. 인공지능이 삼각형을 군집해 주었을 때 데이터의 어떤 특성을 기준으로 군집했을지 예상해 봅니다. 그리고 사각형을 데이터의 특성에 따라 군집해 보면서 비지도 학습의 원리를 이해할 수 있도록 합니다.

타교과 및 생활 속 인공지능 초등 과학 3~4학년군의 '**동물의 생활**' 단원과 연계하여 비슷한 생김새의 동물을 데이터의 특성에 따라 군집해 보는 활동을 소개하였습니다.

오른쪽 QR 코드로 비슷한 생김새의 또 다른 동물들을 함께 살펴보기 바랍니다.

마지막 코너에서는 인공지능과 관련 있는 직업인 **빅 데이터 전문가**를 소개하였습니다. 빅 데이터의 개념, 빅 데이터의 중요성, 빅 데이터 전문가의 역할, 양성 과정, 필요한 적성과 흥미 등을 설명하였습니다.

오른쪽 QR 코드로 빅 데이터 전문가와 관련된 정보를 살펴보기 바랍니다.

일상생활에서 여러 가지 데이터를 처리하는 데 분명한 기준이 없을 수 있습니다. 이럴 때 기계 학습의 군집 기법을 활용하면 미처 알지 못했던 데이터의 특성을 파악할 수 있습니다.

군집은 비지도 학습의 기법 중 하나입니다. 군집은 데이터의 특징을 파악하기 위해 사용합니다. 이를 통해 사람이 판단하기 어려운 데이터의 경향성이나 속성을 찾아낼 수 있습니다. 또한 비지도 학습의 특성상 인공지능이 스스로 데이터의 특징을 파악하여 군집한 결과를 보여 주기 때문에 매번 결과는 다르게 나올 수 있습니다.

군집 기법에서 가장 많이 사용되는 알고리즘은 **K-평균(K-Means) 알고리즘**입니다. **임의의 군집 중심점을 K개만큼 생성한 후 해당 중심점과 가까운 데이터끼리 한 군집으로 만드는 방법**입니다.

군집 중심점(K)을 3개로 하여 데이터를 어떻게 군집하는지 그 과정을 알아보겠습니다.

❶ 군집에 필요한 데이터를 준비하고 원하는 군집 수(3)를 선택합니다.

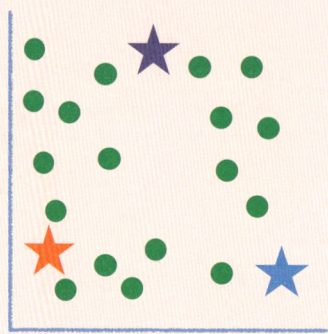

❷ 군집 중심점을 데이터 무리 중 한 곳에 위치시킵니다. 위치되는 기준은 무작위, 거리 등 다양한 방법으로 선택할 수 있습니다.

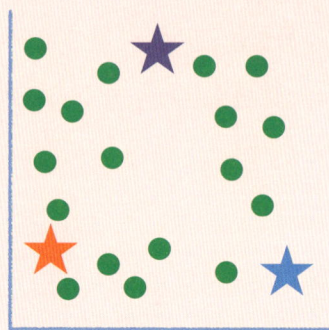

❸ 데이터와 중심점 사이의 거리를 계산하여 가장 가까운 중심점에 군집합니다.

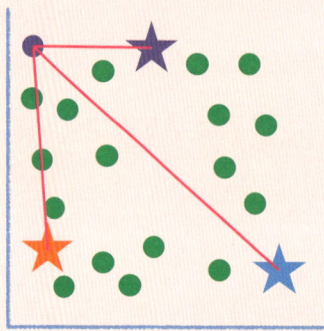

❹ 같은 방법으로 모든 데이터와 중심점 사이의 거리를 계산하여 다음과 같이 군집합니다.

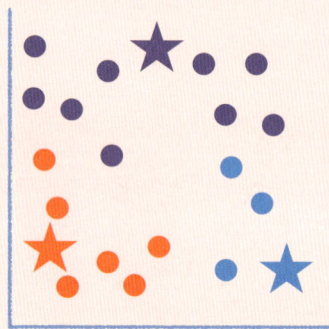

❺ 군집된 데이터들의 중심으로 중심점을 이동합니다.

❻ 중심점이 이동한 곳을 기준으로 다시 데이터와 중심점 사이의 거리를 계산합니다.

❼ 중심점과 더 가까워진 데이터들을 다시 군집합니다.

❽ ❸~❼의 과정을 반복하여 반복된 횟수가 정해진 횟수에 도달하거나 더 이상 데이터의 군집 결과가 변하지 않을 경우 종료합니다.

인공지능은 어떻게 기능이 향상될까요

강화 학습

이 장은 인공지능의 학습 방법 중 하나인 **강화 학습**을 초등 수학 3~4학년군의 '**규칙성**' 영역과 연계한 내용으로 구성하였습니다.

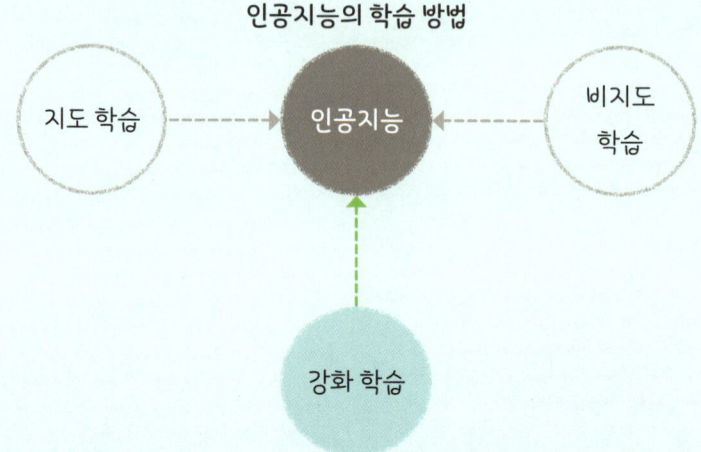

도입으로 인공지능이 사람보다 뛰어난 능력을 발휘한 사례를 소개하였습니다.

오른쪽 QR 코드로 사람과 인공지능이 대결한 다양한 사례를 살펴보기 바랍니다.

강화 학습이란 **인공지능이 보상과 벌을 통해 시행착오를 겪으면서 스스로 학습하는 방법**을 말합니다. 아무리 복잡한 문제라도 보상과 벌을 잘 정해 두면 인공지능이 스스로 학습한다

는 장점이 있습니다.

오른쪽 QR 코드로 자율 주행차의 인공지능이 강화 학습하면서 스스로 주차하는 과정을 살펴보기 바랍니다.

또한 인공지능이 숫자 야구 게임을 하면서 강화 학습하는 과정을 자세하게 설명하였습니다. 숫자 야구 게임에서 시도에 따라 인공지능이 받는 보상과 벌은 다음과 같습니다.

인공지능은 보상과 벌을 이용하여 정답을 맞히는 과정을 학습합니다. 이때 벌은 피하고, 더 많은 보상을 받기 위해 노력하면서 적은 시도로 정답을 맞혀 갑니다. 이런 과정을 아주 많이 반복하면 인공지능의 성능은 더욱 향상됩니다. 이와 같은 학습 방법을 강화 학습이라고 합니다.

직접 숫자 야구 게임을 해 보면서 강화 학습의 원리를 이해할 수 있도록 합니다.

교과서 속 인공지능 숫자 야구 게임 문제를 제시하고, 풀이하였습니다.

가족, 친구 등과 함께 숫자 야구 게임을 해 봅니다. 이 활동을 통해 강화 학습의 기초적인 원리를 이해하게 될 것입니다.

타교과 및 생활 속 인공지능 초등 사회 3~4학년군의 '사회 변화와 문화 다양성' 단원과 연계하여 인공지능 무인 배달 로봇 사례를 소개하였습니다. 오른쪽 QR 코드로 관련 기사를 함께 살펴보기 바랍니다.

강화 학습하는 인공지능은 보상과 벌을 통해 시행착오를 겪으면서 더 많은 보상을 받는 방향으로 학습합니다. 이 과정을 반복하면서 보다 효율적인 인공지능이 된다는 것을 문제를 풀어 보면서 이해할 수 있도록 합니다.

마지막 코너에서는 강화 학습의 대표적 결과물인 **알파고 제로**를 소개하였습니다. 다음 표에서 알파고 시리즈의 성능이 어떻게 향상되었는지 살펴보기 바랍니다.

알파고 시리즈의 성능 비교

이름	공개 시점	전적	엘로(ELO)	학습법	하드웨어
알파고 판	2015년 10월	판후이 2단에게 5 대 0으로 승리	3144	딥러닝, 강화 학습	GPU 176개, TPU 4개
알파고 리	2016년 3월	이세돌 9단에게 4 대 1로 승리	3739	딥러닝, 강화 학습	GPU 176개, TPU 4개
알파고 마스터	2017년 5월	커제 9단에게 3 대 0으로 승리	4858	딥러닝, 강화 학습	TPU 4개
알파고 제로	2017년 10월	알파고 리에 100 대 0, 알파고 마스터에 89 대 11로 승리	5185	강화 학습	TPU 4개

* 엘로(ELO)는 바둑 실력을 수치화한 점수로 클수록 고수이며, GPU와 TPU는 각각 그래픽 연산 전용 프로세서와 인공지능용 칩을 말함.

[자료: 네이처(Nature)]

이 외에도 우리 생활 속에서 찾을 수 있는 강화 학습 사례에는 무엇이 있는지 생각해 보도록 합니다.

6 인공지능은 어떻게 예측할까요

선형회귀분석

이 장은 인공지능의 예측 방법 중 하나인 **선형회귀분석**을 초등 수학 3~4학년군의 '**자료와 가능성**' 영역과 연계한 내용으로 구성하였습니다.

도입으로 인공지능 헤어밴드를 통해 수집한 데이터를 인공지능으로 분석하여 학생들의 성적을 예측한 사례를 소개하였습니다.

오른쪽 QR 코드로 관련 내용을 살펴보기 바랍니다.

그럼 선형회귀분석을 어떻게 하는지 알아봅시다.

❶ 데이터를 산점도 그래프로 나타내기

산점도 그래프란 오른쪽과 같이 **점들이 흩어져 있는 것을 나타낸 그래프**를 말합니다.

산점도 그래프는 가로와 세로의 내용에 맞게 데이터를 점으로 표시하여 나타냅니다.

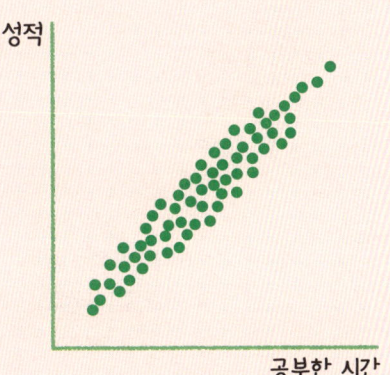

▲ 산점도 그래프

❷ 산점도 그래프에 추세선 긋기

점들과 가장 가깝게 그은 선을 추세선이라고 합니다.

오른쪽과 같이 점들의 모양에 따라 최대한 많은 점을 지나면서 다른 점들과 가깝게 직선 모양으로 선을 긋습니다.

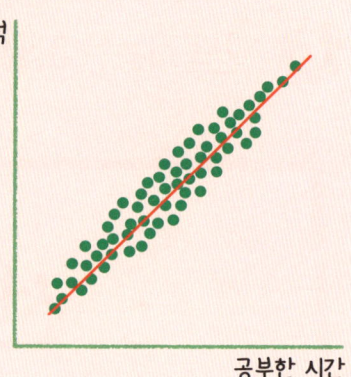

❸ 추세선을 보고 분석하기

산점도 그래프와 추세선을 통해 데이터들의 관계를 시각적으로 확인하고, 미래의 데이터 또는 경향을 예측할 수 있습니다.

이와 같이 데이터들의 관계를 계산하여 경향을 분석하는 방법을 **회귀분석**이라고 합니다. 이때 직선 모양의 추세선을 그어 추세를 예측하는 방법을 **선형회귀분석**이라고 합니다.

인공지능에서 선형회귀의 기법은 중요하지만 이 용어가 학생들에게 어려울 수 있습니다. 그러므로 흩어져 있는 데이터들의 경향이나 관계를 직선으로 나타내어 분석하는 방법 정도로 이해할 수 있도록 합니다.

초등 수학에서 배우는 꺾은선그래프와 선형회귀분석 그래프의 차이점에 주목하기 바랍니다.

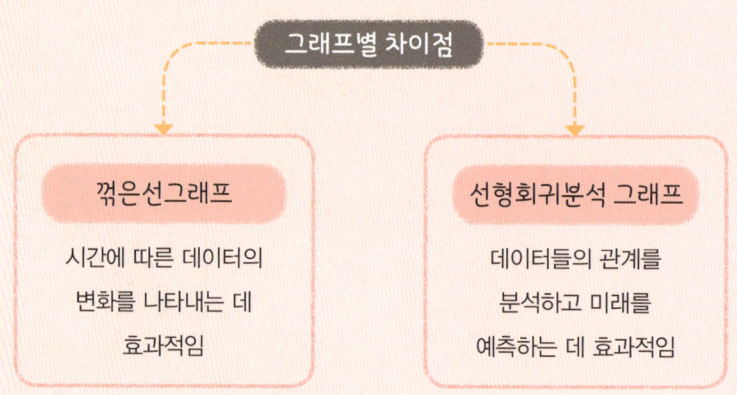

교과서 속 인공지능   수학 교과서의 꺾은선그래프와 선형회귀분석 그래프를 연계하여 문제를 구성하였습니다. 꺾은선그래프를 해석하는 것과 선형회귀분석은 어떤 점이 다른지 생각해 보도록 합니다.

타교과 및 생활 속 인공지능   초등 사회 3~4학년군의 '사회 변화와 문화 다양성' 단원과 연계하여 우리나라의 인구 비율 관련 문제를 구성하였습니다. 우리나라의 인구 비율이 앞으로 어떻게 변할지 선형회귀분석으로 그래프를 분석해 봅니다.

마지막 코너에서는 추세선은 다양한 모양이 있으며, 아주 많은 데이터를 지나는 추세선이 항상 좋은 추세선이 아님을 **과적합(overfitting)**을 통해 소개하였습니다.

그리고 데이터들의 관계를 추세선으로 나타내지 못하는 경우도 있습니다. 이런 경우는 데이터들끼리 서로 관련이 없다는 것을 알도록 합니다.

7 인공지능의 성능은 어떻게 확인할까요

인공지능 모델 평가

이 장은 분류형 인공지능의 모델 평가와 관련하여 다양한 평가 지표를 초등 수학 3~4학년군의 '**수와 연산**' 영역과 연계한 내용으로 구성하였습니다.

도입으로 암을 진단하는 인공지능 개발과 관련된 사례를 소개하였습니다. 오른쪽 QR 코드로 관련 기사를 살펴보기 바랍니다.

인공지능 모델의 평가 방법에는 여러 가지가 있지만 이 책에서는 **정확도**, **정밀도**, **적중률**을 소개하였습니다. 동물들을 강아지인 것과 강아지가 아닌 것으로 분류한 인공지능을 평가하면서 정확도, 정밀도, 적중률의 값을 분수로 나타내어 봅니다. 이와 함께 3가지 평가 지표가 의미하는 바가 어떻게 다른지 이해할 수 있도록 합니다.

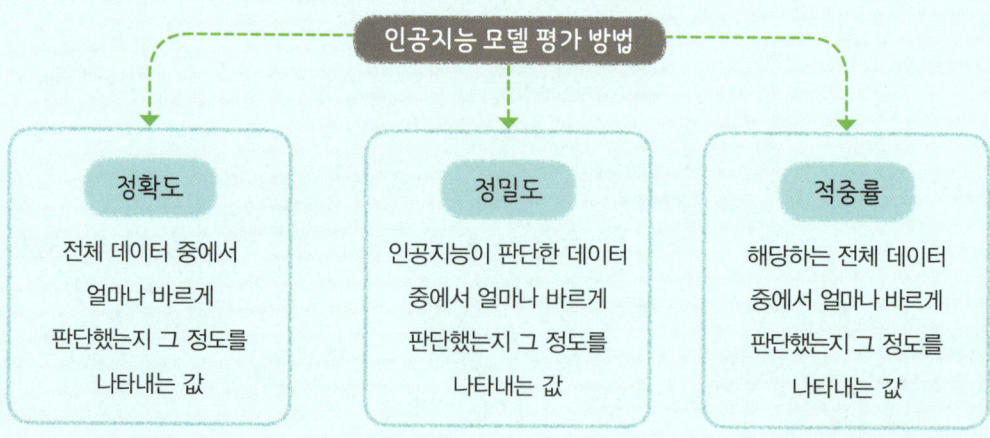

인공지능 모델 평가 방법

정확도	정밀도	적중률
전체 데이터 중에서 얼마나 바르게 판단했는지 그 정도를 나타내는 값	인공지능이 판단한 데이터 중에서 얼마나 바르게 판단했는지 그 정도를 나타내는 값	해당하는 전체 데이터 중에서 얼마나 바르게 판단했는지 그 정도를 나타내는 값

인공지능은 **불균형 데이터**를 학습하면 정확도의 값이 높게 나타나면서 좋은 성능이라고 잘못 평가될 수 있습니다. 이런 경우에는 정확도뿐만 아니라 정밀도, 적중률도 함께 평가해야 합니다. 이와 관련하여 축구공인 것과 축구공이 아닌 것을 분류한 인공지능의 평가 사례를 제시하였습니다.

이 사례를 살펴보면서 3가지 평가 지표의 필요성에 대해 생각해 보도록 합니다.

교과서 속 인공지능 정확도를 구하는 과정을 수학 교과서의 분수 단원과 연계하여 관련 문제를 구성하였습니다.

전체에 대한 부분을 분수로 어떻게 나타내는지 생각해 보면서 두 인공지능의 정확도를 구해 봅니다. 그리고 분모가 같은 분수의 크기 비교 방법을 이용하여 두 인공지능의 정확도를 비교해 봅니다.

타교과 및 생활 속 인공지능 생활 속 소재인 **암 진단 인공지능**의 정확도, 정밀도, 적중률을 구해 보는 문제를 구성하였습니다.

인공지능의 정확도, 정밀도, 적중률을 구해 보면서 3가지 평가 지표의 차이점을 다시 한 번 확인해 보면 좋을 것입니다. 그러나 3가지 평가 지표의 용어가 한자어이고, 세 용어의 의미에서 비슷한 면이 있기 때문에 학생들은 3가지 평가 지표를 혼동할 수도 있습니다.

• 정확도 ➜ 正確度   • 정밀도 ➜ 精密度   • 적중률 ➜ 的中率

그러므로 학생들은 인공지능의 성능을 평가할 때 이와 같은 지표로 평가한다는 것 정도만 알아도 될 것입니다.

마지막 코너에서는 정밀도와 적중률의 의미가 어떻게 다른지 사례를 통해 소개하였습니다. 인공지능을 평가하는 데 정확도뿐만 아니라 정밀도, 적중률이 왜 필요한지 다시 한 번 생각해 보도록 합니다. 그리고 제시된 사례 외에도 정밀도나 적중률을 적용하기에 적합한 인공지능 모델에는 어떤 것이 있을지 찾아 보도록 합니다.

* **불균형 데이터** 각 그룹별로 데이터 양의 차이가 크거나 특정 속성에 치우친 데이터

다만, 정밀도와 적중률은 상호 보완적인 평가 지표이기 때문에 한 쪽이 높아지면 다른 한 쪽은 낮아지게 됩니다. 이를 그래프로 나타내면 다음과 같습니다.

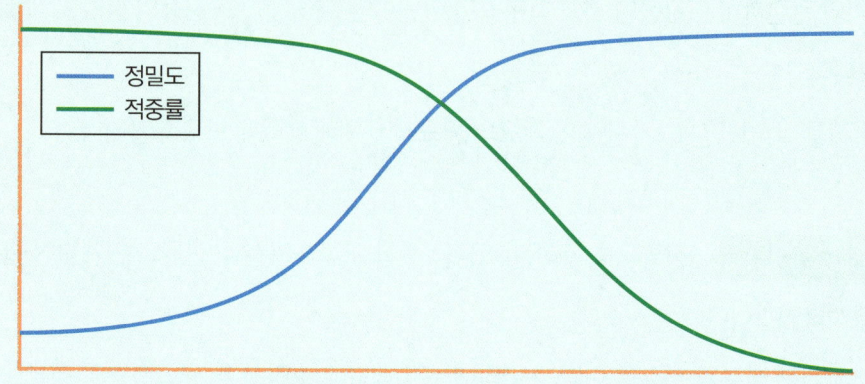

그렇기 때문에 정밀도와 적중률이 함께 높을 수 있는 조화 평균을 새로운 평가 지표로 계산할 수 있습니다. 이 평가 지표를 **F1 스코어(F1 Score)**라고 합니다.

$$F1 \text{ 스코어} = \frac{2 \times \text{정밀도} \times \text{적중률}}{\text{정밀도} + \text{적중률}}$$

F1 스코어는 불균형 데이터를 학습한 인공지능의 성능을 평가할 때 효과적입니다. 이 책에서는 초등 수학 3~4학년군의 교육 과정 및 난이도를 고려하여 정확도, 정밀도, 적중률만 제시하였습니다. 그렇기 때문에 학생들은 인공지능의 사용 목적에 따라 둘 중 하나만 높으면 될 것이라는 오해를 할 수도 있습니다. 실제로는 정밀도와 적중률 모두 높아야 하며, 이를 고려한 F1 스코어가 평가 지표로 자주 이용됨을 알 수 있도록 합니다.

선생님, 부모님!
여기 보세요
지도할 때 필요한 내용을 모았어요